ROSA-CRUZES, ONTEM E HOJE

ROSA-CRUZES, ONTEM E HOJE

Série Cristal 6

2.ª edição

Pentagrama
publicações

2014

Título original
Rozenkruisers toen en nu

Tradução da edição holandesa de 1998

2014
2.ª edição, segundo o acordo ortográfico de 1990
IMPRESSO NO BRASIL

LECTORIUM ROSICRUCIANUM
ESCOLA INTERNACIONAL DA ROSACRUZ ÁUREA

Sede Internacional
Bakenessergracht 11-15, Haarlem, Holanda
www.rozenkruis.nl

Sede no Brasil
Rua Sebastião Carneiro, 215, São Paulo, SP
www.rosacruzaurea.org.br

Sede em Portugal
Travessa das Pedras Negras, 1, 1.º, Lisboa, Portugal
www.rosacruzlectorium.org

Dados Internacionais de Catalogação na Publicação (CIP)
(Câmara Brasileira do Livro, SP, Brasil)

Rosa-cruzes, ontem e hoje / Lectorium Rosicrucianum
[tradução: Equipe de tradutores do Lectorium
Rosicrucianum]. – Jarinu, SP : Pentagrama Publicações,
2014. – (Série Cristal ; 6)

Título original: *Rozenkruisers toen en nu.*
ISBN 978-85-67992-03-7

1. Espiritualidade 2. Gnosticismo 3. Rosacrucianismo
4. Rosacrucianismo – Filosofia I. Lectorium Rosicrucianum.
II. Série.

14-04444 CDD-135.43

Índices para catálogo sistemático:

Rosa-Cruz : Ordem : Esoterismo 135.43

Caixa Postal 39 – 13.240-000 – Jarinu – SP – Brasil
Tel. (11) 4016.1817 – FAX (11) 4016.3405
www.pentagrama.org.br
livros@pentagrama.org.br

Sumário

Prefácio 9

1

"A Europa dará à luz uma criança" 13

2

O que representa Cristiano Rosa-Cruz? 21

A Fraternidade da Rosa-Cruz clássica

3

O triângulo ígneo da Fraternidade da Rosa-Cruz 29

4

Quem era Cristiano Rosa-Cruz? 35

5

Johann Valentin Andreæ, Fênix da Renascença 45

6

Christianopolis: o fio áureo através dos séculos 59

7

O contrato sêxtuplo dos irmãos da Rosa-Cruz 67

8

A reforma geral do mundo 97

9

O caminho da Fraternidade da Rosa-Cruz 103

A Fraternidade da Rosa-Cruz moderna

10

O mistério tríplice do campo de força *115*

11

Nascimento e desenvolvimento da Escola Espiritual da Rosacruz Áurea *127*

12

O objetivo da Escola Espiritual da Rosacruz Áurea *141*

13

Os três pilares da verdade universal *145*

14

O que é um serviço templário? *155*

15

Rosa-cruzes no Estado e na sociedade *161*

16

Jan van Rijckenborgh, um rosa-cruz moderno e um gnóstico hermético *169*

O que é a verdade?

Vede este cristal: assim como uma só luz se revela por doze faces, sim, em quatro vezes doze, e cada face, por sua vez, reflete um raio da luz, uns percebem uma face, outros vêem outra, porém o cristal é um só e também uma só a luz que ele irradia em todas.

(Extraído de *O evangelho dos doze santos*)

Prefácio

Este livro considera de maneira ampla a Fraternidade da Rosa-Cruz, como ela se manifestou ao longo da história e como se manifesta hoje. Na primeira parte, é abordada a Fraternidade da Rosa-Cruz clássica, enquanto na segunda é considerado o impulso dos rosa-cruzes modernos no âmbito da tradição da gnosis hermética-cristã.

A existência de uma muito secreta Fraternidade da Rosa-Cruz foi propagada na *Fama Fraternitatis* (Chamado ou rumor da Fraternidade), uma monografia breve, que circulava entre amigos em muitas cópias manuscritas, até que foi publicada em 1614 por Wilhelm Wessel em Kassel. Em 1615, uma visão magnífica da Fraternidade e mais detalhes sobre ela foram elaborados na *Confessio Fraternitatis* (Confissão da Fraternidade).

Esses primeiros tratados, ainda que anônimos, surgiram provavelmente em 1608, num círculo de amigos em torno de Tobias Hess (1558–1614), dentre os quais o membro mais jovem era Johann Valentin Andreæ (1586–1654). Suas ideias eram baseadas na alquimia, no pensamento hermético e na teosofia do reformador alemão Paracelso. Muito das ideias e da forma de expressão utilizadas pelos rosa-cruzes são de fato de natureza alquímica. Isso pode ser reconhecido com facilidade na publicação do livro *Chymische Hochzeit Christiani Rosencreutz* (Núpcias químicas de Cristiano Rosa-Cruz), escrito provavelmente por Johann Valentin Andreæ. Nessa obra é proposta uma síntese da filosofia hermética, da alquimia e do cristianismo verdadeiro e profundo, como base para uma nova reforma da fé e da ciência, um século após a Reforma de Lutero.

Esses "manifestos", como ficaram sendo conhecidos, causaram grande agitação na Europa. Embora as ideias herméticas e calvinistas que promoviam encorajassem o desenvolvimento de uma melhoria social, seu objetivo principal sempre foi "restaurar o Templo, que é o homem" e descobrir "por que o homem é chamado um 'microcosmo'". Em dez anos a Fraternidade da Rosa-Cruz recebeu cerca de 400 respostas na forma impressa, tanto positivas quanto negativas, de toda a Europa.

Embora a própria Fraternidade tenha permanecido em silêncio, devido à morte de Tobias Hess e à Guerra dos Trinta Anos (1618–1648), o movimento rosa-cruz logo encontrou numerosos partidários. Um deles era Michael Maier (1566–1622), médico paracelsiano e alquimista, que escreveu um comentário sobre Hermes Trismegisto; Robert Fludd (1574–1637), que viu Cristiano Rosa-Cruz como protótipo da divisa hermética: *magnum miraculum est homo* (o homem é um grande milagre).

João Amós Comênio (1592–1670), reformador da Boêmia, foi outro desses partidários e denominou sua Fraternidade boêmia de a primeira realização da Fraternidade da Rosa-Cruz.

Cada episódio e cada evento nos três manifestos mostram um simbolismo profundo e universal. O símbolo mais importante é o fundador da Ordem, Cristiano Rosa-Cruz. Como Hermes Trismegisto, ele não é um personagem histórico. Em seu nome, em sua vida e também em suas características, ele pode ser considerado como o protótipo e o arquétipo do buscador espiritual moderno. A Escola da Rosacruz Áurea, fundada em 1924 nos Países Baixos por Z.W. Leene e seu irmão Jan van Rijckenborgh, aos quais Catharose de Petri se juntou em 1930, constitui a manifestação atual da corrente de pensamento desenvolvida pela Fraternidade da Rosa-Cruz do século XVII.

Ela promove uma filosofia que é uma vida fiel à pura tradição rosa-cruz. O que é mais importante, ela sugere a cada um de seus membros ser um ator consciente nesse panorama. Para alcançar essa realização, ela mostra um processo realmente científico, durante o qual todos os componentes que irão reagir e transformar-se. Por fim, ela coloca à disposição de qualquer pessoa todos os elementos de um estado espiritual superior, necessário para ativar esse processo e, dessa forma, pode ser considerada uma religião genuína no sentido original da palavra.

O livro termina com uma análise da Escola Internacional da Rosacruz Moderna e uma biografia de Jan van Rickenborgh, rosa-cruz e gnóstico.

I

"A Europa dará à luz uma criança"

O impulso de Cristo objetiva uma "nova gênese humana". Desde que se separou do mundo divino, o ser humano identificou-se cada vez mais com o mundo efêmero e procura, por autoconservação, construir um mundo e uma sociedade moldados pelas *próprias* ideias, e não pelas normas do Espírito. Por isso, a consciência que o ser humano tem do mundo divino foi-se atrofiando cada vez mais. No máximo o homem contemporâneo pressente algo de um mundo divino e anseia por ele, mas não vive nele conscientemente.

Não obstante, o núcleo divino que se tornou latente no homem pressiona por desenvolvimento. Ele é estimulado pelas vibrações fundamentais do Espírito ativas no mundo inteiro e vivificadas pelas escolas de mistérios e escolas espirituais da Fraternidade da Vida. O homem sente que um ser totalmente novo, o ser primordial eterno, que nele está latente, desejando tornar-se vivo e consciente e criar um novo mundo que lhe corresponda. Ele deseja dissolver o velho homem autoconservador e seu mundo, que não está em harmonia com Deus, e substituí-lo por um novo mundo.

"Pois a Europa está grávida e dará à luz uma criança..." assim é dito na *Fama Fraternitatis*, o chamado da Fraternidade da Rosa-Cruz, editado no ano de 1614. Nos anos que antecederam a Guerra dos Trinta Anos, a Europa achava-se nas dores de uma mudança radical. Os partidos religiosos defrontavam-se de maneira irreconciliável, uma erupção poderosa estava em desenvolvimento. Nesses anos, muitas pessoas estavam receptíveis a uma renovação fundamental da vida.

Por isso, os três manifestos dos rosa-cruzes: *Fama Fraternitatis R.C.* (1614), *Confessio Fraternitatis R.C.* (1615) e *Chymische Hochzeit Christiani Rosenkreutz Anno 1459* (1616), escritos por Johann Valentin Andreæ em colaboração com o seu círculo de amigos de Tübingen, na Alemanha, caíram em solo fértil. Eles sensibilizaram inúmeras pessoas e desde então exercem considerável influência na arte, na ciência e na religião.

A profecia

Os escritos rosa-cruzes falavam de um esclarecimento futuro, de uma época de iluminação cheia de percepções profundas, que não se referem apenas ao mundo exterior, mas sobretudo ao mais profundo ser. O homem deveria compreender sua dignidade, seu valor e o papel que tem a desempenhar segundo o plano de Deus. Um novo pensamento foi anunciado, livre dos dogmas da religião e enraizado na fonte original da verdadeira religião do homem. Com base nessa fonte original, situada no coração do ser humano, a ciência deveria descobrir seus critérios e limites para adaptar-se à ideia de uma nova ordem mundial perfeita. Além disso, no processo de gênese do novo homem deveria revelar-se o parentesco interno de todas as religiões.

Uma época de trevas

A Guerra dos Trinta anos (1618–1648) aniquilou todos esses esforços. A Europa tornou-se um lugar de horror e devastação. Em seguida, iniciou-se um desenvolvimento cujas consequências se fazem sentir até o presente. A ciência que então principiava rompeu com o pensamento existencial religioso. A luta contra os grilhões religiosos dogmáticos que haviam subjugado o pensamento terminaram por liberar, na realidade por separar, o pensamento humano de sua verdadeira origem.

A ciência desenvolveu-se de maneira autônoma, desvinculada da alma. Com isso, o materialismo pôde florescer e tornar-se o fundamento do pensamento científico, o qual teve êxito tão grande, transformando todas as áreas da vida, que a concepção materialista do mundo se apoderou por completo do ser humano. Isso levou à nossa atual situação, à crise em que nos encontramos. Perdemos a ligação com a fonte da vida, com o princípio da verdadeira condição humana. Tornamo-nos uns para os outros em objetos utilizáveis para atingir objetivos arbitrários. Exploramo-nos mutuamente, exploramos os reinos da natureza, provocando, assim, a morte da alma.

Em nossa época, inundada por corrupção, violência e todas as formas de degeneração, um número cada vez maior de pessoas se conscientiza com tristeza desse fato.

Elas questionam o que realmente ainda significa "ser homem" e buscam, muitas vezes de forma inconsciente, uma renovação da alma. Uma nova concepção da condição humana é urgente.

Podemos viver de fato satisfeitos com a ideia de sermos apenas um rebento do mundo animal, que se originou por um jogo do acaso e da seleção dos mais fortes? Essa ideia corresponde ao nosso mais íntimo ser?

A Europa está grávida

A Europa está grávida e dará à luz uma criança saudável. As experiências ao longo dos anos acarretam um resultado irrevogável. A degeneração está acelerando-se; a imagem do declínio assoma no horizonte. Ao mesmo tempo eleva-se forte anseio por uma nova concepção humana, uma nova consciência, um novo processo de renovação da alma. Contudo, a velha cultura está esclerosada. Teria ela ainda força para dar à luz uma criança saudável no outono de sua vida? O beco sem saída em que nos encontramos e a necessidade alarmante de renovação são grandes. Os tempos estão maduros, pois velhice também significa maturidade. Já há muito esse nascimento é esperado. O desenvolvimento libertador que os escritos rosa-cruzes profetizaram pode ser adiado, mas não interrompido. Um despertar ocorrerá, pois a matéria-prima oculta no coração humano revolta-se contra a degeneração. E Deus envia suas forças cósmicas para auxiliar.

A Bíblia narra como Sara, a esposa de Abraão, e Isabel, a esposa de Zacarias, ambas em idade avançada, deram à luz filhos, conforme lhes fora prometido. Isso é uma representação de um acontecimento que se desenrola também hoje. Sempre às vésperas do declínio de uma época cultural (isto é, em idade avançada) os impulsos divinos se impõem, possibilitando assim um novo início. Esse é o significado do nascimento de Isaque, ocorrido no início da Antiga Aliança entre Deus e os homens, e do nascimento de João, que anunciou a Nova Aliança. A Antiga Aliança havia prescrito os mandamentos e as leis e submetido o povo eleito aos princípios da ordem divina. A *Nova Aliança* – pela oferenda de Cristo – criou a possibilidade de descobrir a lei divina no próprio coração e abriu caminho para o desenvolvimento da alma divina dentro do homem, em total liberdade. Esses impulsos de ordem e liberdade constituíram as diretrizes principais da história do Ocidente, aí causando revoluções e supressões, reformas e dogmas. No presente, esses dois princípios, ordem e liberdade, passam por uma crise e já não possuem força vital.

Já percorremos esses caminhos de ordem e liberdade. Muitos seres humanos tentaram realizar esses ideais e hoje estão desconcertados diante dos resultados. A liberdade do indivíduo torna-se um perigo cada vez maior para todos os outros seres. E para a Terra. A ordem torna-se uma rede cada vez mais complicada de regras com as quais já ninguém pode lidar e que se afasta sempre mais do sentimento de justiça. Desse modo, as duas grandes diretrizes principais perderam o brilho, cobertas pela poeira do caminho percorrido na matéria.

A criança

O que caracteriza esse novo nascimento? Ele se caracteriza por uma nova gênese humana, pelo nascimento de uma nova alma. Por isso, o Filho do Homem, que nasceu há dois mil anos como modelo, deve nascer agora em nosso interior. Em cada ser humano pode nascer uma nova alma na qualidade de Filho unigênito do Pai. Semelhante despertar interior já pode ser percebido em muitos. A força do Filho do Homem desperta em seu coração e no mesmo instante abre caminho na atmosfera terrestre. Assim, o Filho do Homem pode despertar de seu sono eônico. É ele quem nos impulsiona para uma revolução interior, para um crescimento que permite ingressar em um nível de existência mais elevado, onde liberdade e ordem se reconciliam, e arte, ciência e religião estão religadas entre si em sua fonte original.

As núpcias alquímicas tornam-se realidade

Assim, a antiga lenda de *As núpcias alquímicas de Christian Rosenkreuz* toma vida e se realiza. O assunto é altamente atual, pois relata o caminho da regeneração do homem graças ao despertar da alma original nele, que se religa com o Espírito divino. Assim, a visão descrita na *Fama Fraternitatis* alcançará a plenitude de sua realização, apesar de todos os desvios e obstáculos.

É narrado na *Fama Fraternitatis* que Cristiano Rosa-Cruz ofereceu todos os seus tesouros espirituais aos sábios e cientistas da Europa, mas eles o rejeitaram, ridicularizando-o. Ele erigiu, então, completamente em segredo, com um pequeno círculo de fiéis, a Casa *Sancti Spiritus*.

Trata-se de um campo atmosférico espiritual que liga o mundo terrestre com o mundo da eternidade. Desde então, a construção dessa casa, dessa ponte ligando os dois mundos, nunca cessou. E muitas almas viventes foram a ela acrescentadas como pedras de construção eternas, consagrando sua vida à libertação da humanidade.

A Escola Internacional da Rosacruz Áurea, em nossa época, trabalha energicamente para a expansão da Casa *Sancti Spiritus*. Suas portas estão amplamente abertas para todos os homens que buscam. Um poderoso chamado e uma luz espiritual auxiliadora daí emanam para toda a humanidade.

2

O que representa Cristiano Rosa-Cruz?

Cristo representa o verdadeiro ser do homem e da humanidade, a "semelhança de Deus", como é dito na Bíblia. Desde que Cristo, após o batismo no Jordão, ligou-se a Jesus, a tarefa da humanidade é desenvolver conscientemente esse verdadeiro ser e chegar a uma nova gênese humana consciente.

Essa agora é de fato a tarefa de *todos* os seres humanos, e não apenas dos alunos das escolas de mistérios, como acontecia até ocorrer essa ligação. Assim sendo, a humanidade inteira se transformou numa escola de mistérios, e a força para seguir o caminho espiritual está desde então, em princípio, à disposição de todos.

Além do mais, a humanidade tem a tarefa de unificar os objetivos e caminhos de todas as religiões prévias, que sempre apenas mencionavam e desenvolviam alguns aspectos do verdadeiro ser. Essa é uma das tarefas que Cristiano Rosa-Cruz representa. Outra tarefa, em conexão com a primeira, é que a nova gênese humana, na força de Cristo, pode ser realizada em consciência plena e com responsabilidade individual pelo aluno no caminho. Antes isso somente era possível nas oficinas de mistérios, na maior parte das vezes, com consciência reduzida.

No entanto, nos últimos séculos o homem desenvolveu uma individualidade e um pensamento conceitual autônomos. Com o auxílio desse pensamento ele deve agora percorrer seu caminho. E uma vez que o desenvolvimento da individualidade e do pensamento conceitual aconteceu principalmente no homem ocidental, foi sobretudo em sua consciência que o impulso rosa-cruz se estabeleceu em primeiro lugar.

O trabalho de Cristo para elevar a humanidade autoconservadora e materialista é simbolizado em nossa época, para o ser humano ocidentalizado, por "Cristiano Rosa-Cruz".

Dois aspectos se expressam no conceito "Cristiano Rosa-Cruz". Em primeiro lugar, ele representa a unidade de todas as religiões mundiais com base em um cristianismo compreendido de modo abrangente. Em segundo lugar, ele representa um caminho espiritual percorrido de forma consciente e com autorresponsabilidade.

Cristiano Rosa-Cruz e a religião futura da humanidade

Para possibilitar a visualização da missão de Cristiano Rosa-Cruz no que diz respeito à unidade de todas as religiões com base no cristianismo,

Rudolf Steiner relata uma cena do século XIII, resultado de suas pesquisas espirituais.[1]

Cristiano Rosa-Cruz, ainda muito jovem e extremamente sensível a todas as impressões do mundo espiritual, deitado em seu leito: sua consciência-eu, formada pelas impressões sensoriais e pelas atividades da razão, tornou-se, de certo modo, permeável. Por isso ele vivencia as forças e leis espirituais que atuam no mundo e seu ordenamento. Ele experimenta isso como ideias e forças transmitidas por outras pessoas. É quase como uma transfusão de sangue espiritual.

Doze são os seres que circundam Cristiano Rosa-Cruz e lhe transmitem sua força e sabedoria. Esses doze seres representam doze grandes impulsos do Espírito, que se tornaram ativos no decorrer da história da humanidade. Poder-se-ia dizer: a essência de doze grandes religiões mundiais. Em Cristiano Rosa-Cruz, portanto, esses doze impulsos, os doze "signos zodiacais" do Espírito, são reunidos em uma unidade. E não apenas isso: ele os eleva todos a um nível superior, ao nível de Cristo, da consciência espiritual, a compreensão consciente. Pode-se compreender essa descrição de Rudolf Steiner como um acontecimento concreto, vivenciado por um homem concreto no

---

[1] Steiner, Rudolf. O cristianismo rosa-cruz, primeira conferência. Em: *Das esoterische Christentum und die geistige Führung der Menschheit* (O cristianismo esotérico e a condução espiritual da humanidade). Dornach: 1977.

tempo e no espaço. Contudo, também se pode vê-la como uma imagem de processos que podem ocorrer hoje em cada ser humano no mundo inteiro.

Até o presente, todos esses impulsos e revelações provenientes do mundo espiritual para a humanidade eram legítimos. No entanto, num novo grau de desenvolvimento da humanidade, eles perdem seu valor relativo e devem ser admitidos como uma unidade nova e superior. E Cristiano Rosa-Cruz representa essa unidade superior da consciência espiritual. Ele é o símbolo do Espírito que influencia a humanidade de hoje, que deseja tornar-se consciente e ativo nela.

Nenhuma religião do passado pode pretender ser absoluta. Em cada uma delas vive o núcleo do Espírito universal sob uma forma particular. Hoje é importante que os homens reconheçam esse núcleo espiritual em cada religião e realizem em si mesmos cada um dos doze aspectos do Zodíaco espiritual. Então serão discípulos de uma religião universal da qual Cristo é o centro.

Os alunos da Escola Espiritual da Rosacruz moderna, da mesma forma que os alunos da Rosa-Cruz no início do século XVII, querem discernir e liberar em si esse núcleo espiritual de todas as religiões e realizar em si todos os doze aspectos do Zodíaco espiritual. Cristiano Rosa-Cruz representa esse interesse. Cristiano Rosa-Cruz é o representante, o núcleo da religião futura da humanidade, religião na qual todas as religiões prévias serão absorvidas e que traz para a humanidade inteira a ressurreição do verdadeiro homem, o retorno à sua origem divina e seu progresso desde essa origem até o desenvolvimento dessa semelhança de Deus presente nele.

Cristiano Rosa-Cruz e o caminho percorrido com autonomia

O caminho consciente é descrito e seguido de maneira científica e metódica na Escola da Rosacruz Áurea. A consciência do caminho espiritual também é, pois, o segundo aspecto do impulso espiritual corporificado por Cristiano Rosa-Cruz. Tudo o que acontece na alma e no corpo é descrito pela filosofia da Rosa-Cruz. Essa filosofia é um plano para a verdadeira gênese humana; a realização desse plano é o caminho do aluno da Rosa-Cruz. Essa é a diferença em comparação com todas as religiões prévias: discernimento consciente do presente, do passado e do futuro do ser humano. E, porque se trata de um discernimento consciente, o aluno percorre seu caminho em liberdade e independência. A Escola Espiritual coloca à disposição de seus alunos as forças do Espírito e a Doutrina Universal. Contudo, cada aluno segue o caminho livremente, com autorresponsabilidade e sem um mestre pessoal.

Cristiano Rosa-Cruz como fórmula

Os dois aspectos do caminho espiritual representado por Cristiano Rosa-Cruz estão contidos em seu nome como em uma fórmula. O prenome [illegible] é Cristiano. O aluno que segue esse caminho é um "cristão", alguém que constrói com base no Cristo interior, que desenvolve o Cristo interior. Rosa-Cruz, o sobrenome, descreve o caminho espiritual. A cruz representa, em primeiro lugar, o homem nascido da natureza com sua consciência-eu limitada. A haste vertical indica sua identidade caracterizada por seu instinto de autoconservação. A haste horizontal indica sua ação e seus desejos dirigidos para o exterior, para o mundo das coisas efêmeras. Visto exteriormente, o homem também forma uma cruz quando, de pé, estende os braços.

Contudo, no ponto de interseção das hastes da cruz, na altura do coração, encontra-se também o botão de rosa, o germe latente do homem espiritual. No processo da nova gênese humana o botão desabrocha e transforma-se em rosa adulta: o novo homem, o ser verdadeiro, ressuscita. Ao mesmo tempo a cruz é transformada: o eu limitado, com sua autoconservação e seus desejos egoístas, é libertado pouco a pouco de sua limitação e de sua autoconservação e é transpassado pelas forças do Espírito. Ele se torna o servidor do novo homem graças a um trabalho interior consciente e autônomo do aluno nas forças do Espírito. Ele está, por isso, na corrente de todos os alunos das escolas de mistérios que seguiram esse caminho no curso da história da humanidade.

I

A Fraternidade da Rosa-Cruz clássica

3

O triângulo ígneo da Fraternidade da Rosa-Cruz

O impulso rosa-cruz esteve ativo em grande escala pela primeira vez na Europa no início do século XVII. Cada impulso espiritual possui uma estrutura e uma qualidade descritíveis. No caso do impulso rosa-cruz, elas podem ser representadas pelo *Trigonum Igneum,* o triângulo ígneo.

Existe uma força espiritual ígnea e luminosa, que pode ser indicada como um fogo espiritual e, simbolicamente, como um triângulo ígneo. Falamos de um triângulo ígneo da trindade divina: espírito, alma e personalidade. Falamos do triângulo ígneo dos três planetas dos mistérios: Urano, Netuno e Plutão. Falamos de *Trigonum Igneum,* o triângulo ígneo dos rosa-cruzes, que caracteriza o caminho espiritual da Rosa-Cruz.

Os manifestos da Fraternidade da Rosa-Cruz
Em conexão com esse triângulo, gostaríamos de mencionar três pessoas: Tobias Hess, Christoph Besold e Johann Valentin Andreæ. Esses três irmãos da Rosa-Cruz – sobretudo Tobias Hess – iniciaram o impulso que determina, até os dias

atuais, o desenvolvimento espiritual na Europa, por meio da força e da inspiração do pai-irmão Cristiano Rosa-Cruz, que foi o misterioso fundador da Fraternidade da Rosa-Cruz e, portanto, a figura central nos manifestos da Fraternidade da Rosa-Cruz.

A fonte de inspiração e a grande força de bênçãos que falam nesses livros surgiram de uma tradição, de um desenvolvimento, que pode ser indicado como uma revelação espiritual ligada ininterruptamente à humanidade, mas que se manifesta de tempos em tempos de modo bem específico.

Quando publicaram os manifestos, os irmãos da Rosa-Cruz basearam-se numa certeza interior e numa realidade que lhes era claramente perceptível. Eles sabiam que os manifestos seriam de extremo significado para todas as pessoas que pudessem compreendê-los.

Eles desenvolveram um plano espiritual de abrangência global. Isso é expresso de maneira muito clara no símbolo que aparece em primeiro plano nos manifestos: o *Trigonum Igneum,* o triângulo ígneo da regeneração segundo o espírito, a alma e a personalidade, o qual constitui a fórmula básica do renascimento espiritual de cada ser humano.

Os três planetas dos mistérios

O caminho da Rosa-Cruz é descrito pela fórmula: Nascido de Deus – morto em Jesus – renascido pelo Espírito Santo.

Nascido de Deus: o aluno conscientiza-se de que nele está oculto o verdadeiro homem espiritual, nascido de Deus, como uma centelha espiritual. Ele é, a princípio, a semelhança de Deus. Com fé, ele se confia à centelha espiritual no próprio ser e deixa que ela o transforme.

Morto em Jesus: o aluno reconhece e sente no coração que somente quando toda a sua autoafirmação "morre" nas forças da nova alma ligada ao Espírito a semelhança de Deus pode de novo tornar-se ativa nele. Ele deixa que o antigo princípio anímico da autoafirmação morra quando se torna consciente dele nas forças da nova alma, que são simbolizadas por Jesus. Uma nova consciência surge no coração.

Renascido pelo Espírito Santo: das novas forças na cabeça e no coração surge uma nova personalidade, livre de autoafirmação. Ela é expressão da nova alma inspirada pelo Espírito, a qual coopera com todas as suas energias e faculdades no plano de Deus.

Esses três grandes mistérios formam o *Trigonum Igneum* dos rosa-cruzes. Eles se realizam na cabeça, no coração e no centro de energia do ser humano. O "Pai", atuando na cabeça, oferta a possibilidade de seguir o caminho. O "Filho", revelando-se no coração, dá a luz da nova consciência, na qual o que é velho pode ser demolido. O Espírito Santo, atuando no corpo inteiro, concede as novas forças para a realização.

A força dos três mistérios que se torna ativa no microcosmo do ser humano é também uma força macrocósmica, representada pelos três planetas dos mistérios. Netuno, a oitava superior de Mercúrio, manifesta-se como lei divina na cabeça. Urano, a oitava superior de Vênus, torna-se ativa como força de sabedoria divina do amor no coração. E Plutão, a oitava superior de Marte, atua como vontade divina, como Espírito Santo, na personalidade transfigurada.

No início do século XVII, falava-se de uma força estelar que se desenvolvia nas constelações do Cisne e do Serpentário, do triângulo dos mistérios, Netuno, Urano, Plutão. Essa força estelar tríplice derramou-se nos primeiros irmãos da Rosa-Cruz. Agora, quatro séculos mais tarde, podemos verificar que esse derramamento de força espiritual manifesta-se mundialmente.

O trabalho da Escola Espiritual de nossa época, o Lectorium Rosicrucianum, sob a direção de Jan van Rijckenborgh e Catharose de Petri, tem, portanto, um fundamento clássico. Nessa força que tudo determina, que agora está ativa de maneira visível no mundo como a jovem Fraternidade da Rosacruz Áurea, todos os que tomam conhecimento da verdade e da grande força espiritual que dimanam dos manifestos rosa-cruzes são chamados a juntar-se aos irmãos e às irmãs que seguem o caminho de verdadeiros discípulos de Cristo. O trabalho da Escola Espiritual da Rosacruz Áurea está ancorado numa tradição espiritual cuja base incontestável é a pedra angular Jesus Cristo. O trabalho da Escola de Mistérios do Ocidente tem seu início, sua continuação e seu fim no trabalho de Cristo e de sua hierarquia.

Dessa forma, uma luz é acesa novamente na escuridão de nossa época, para dar ao mundo e à humanidade a certeza de que a força do *Trigonum Igneum,* a força do pai-irmão Cristiano Rosa-Cruz e dos seus, é colocada à disposição por meio do axioma da Fraternidade da Rosa-Cruz:

Nascido de Deus – morto em Jesus – renascido pelo Espírito Santo.

4

Quem era Cristiano Rosa-Cruz?

Com frequência é feita a pergunta: Cristiano Rosa-Cruz viveu de fato? Do ponto de vista da Escola Espiritual da Rosacruz, Cristiano Rosa-Cruz é uma entidade real, pertencente à Fraternidade das almas libertas, com uma tarefa muito especial no desenvolvimento da humanidade. Ele representa o caminho de iniciação cristão para o homem ocidental racional, muito individualizado. Por isso pode ser considerado protótipo e símbolo desse caminho. Portanto, não é que os homens tenham imaginado um ideal espiritual e o tenham projetado numa figura inventada, porém um impulso espiritual se expressou e se expressa num homem que assim se torna em protótipo e marca desse símbolo.

Isso não significa que a encarnação ou as encarnações de Cristiano Rosa-Cruz no tempo e espaço também usassem esse nome. A Escola Espiritual da Rosacruz não considera sua missão pesquisar quais personalidades concretas poderiam ser ou teriam sido uma encarnação de Cristiano Rosa-Cruz. Ela se considera uma comunidade na qual é percorrido o caminho indicado por

Cristiano Rosa-Cruz com base no impulso de Cristo e considera a comunidade dos rosa-cruzes do século XVII como manifestação do princípio Cristiano Rosa-Cruz – quer ele estivesse corporificado num rosa-cruz daquela época, quer o princípio do caminho iniciático corporificado por ele estivesse ativo nessa comunidade.

Em torno da figura de Cristiano Rosa-Cruz há um segredo. É ele uma criação de Johann Valentin Andreæ, um mito, uma fantasia, um símbolo? Já há quatro séculos escreve-se, discute-se e questiona-se sobre ele.

Foi por meio dos escritos de Johann Valentin Andreæ que Cristiano Rosa-Cruz se tornou conhecido. Nesses escritos Cristiano Rosa-Cruz é o protótipo de um homem que, na nova era, percorre o caminho iniciático cristão da transfiguração, servindo como exemplo. Nos escritos de Andreæ a figura Cristiano Rosa-Cruz diligencia por perfeição e por uma meta espiritual. Ele é um modelo e um chamado para o discipulado de Cristo, um ideal que estava na base do anseio ardente de Andreæ por uma verdadeira fraternidade cristã que pudesse servir a humanidade e mudá-la. É um ideal que surgiu na crise espiritual e material da época de Andreæ, quando, em mais de um aspecto, era preparado um novo desenvolvimento.

Cristianismo universal é o que podemos encontrar por trás de C.R.C.; ou, dito de outro modo, por trás dos mistérios cristãos. Então eles existem? Não utilizavam os rosa-cruzes clássicos a fórmula: "Abençoado é quem possui a Bíblia, mais abençoado é quem a lê, porém o mais abençoado de todos é quem a conhece em profundidade. No entanto, quem mais se assemelha a Deus é quem a compreende e também a segue"? Por isso pode-se dizer que C.R.C. é um protótipo, um modelo. Ele é um cristão que, em seu caminho, possui na bagagem a sabedoria universal. Ele é um modelo assim como Jesus Cristo é um modelo e convoca a segui-lo. Um ideal? Um ideal permanece um desejo não preenchido quando não pode ser realizado, um sonho que se transforma subitamente em pesadelo. Contudo, C.R.C. é um modelo no qual se unem vários aspectos. Ele é um cristão, mas é o protótipo do cristão que se livrou da letra, da estreiteza dos dogmas. Ele conhece a Gnosis e foi iniciado nela, o que significa dizer que vive de um saber interior, de uma revelação, e segue sua voz interior e o que fala em seu coração.

Por isso, de modo algum é surpreendente que encontremos no testamento espiritual de C.R.C. e no templo-sepulcro, gravadas numa placa de bronze, as palavras: *Jesu mihi omnia*, Jesus é tudo para mim. Esse compêndio de C.R.C. encerra com a fórmula quádrupla:

1. *Nequaquam vacuum* – Não há espaço vazio;
2. *Legis jugum* – O jugo da Lei;
3. *Libertas Evangelii* – A liberdade do Evangelho;

4. *Dei gloria intacta* – A glória de Deus é intangível.

"Não há espaço vazio!" Não é mesmo uma fórmula muito moderna? Hoje sabemos que há no espaço bilhões de corpos celestes, que esse espaço está cheio de átomos, com tudo que isso comporta em termos de irradiações e campos de irradiação, campos eletromagnéticos e poderosas fontes de irradiação.

No entanto, todos eles estão presos a suas rotações e órbitas regulares, presos ao "jugo da lei", pois na base de tudo isso está uma ordem, um plano, uma lei espiritual.

Contudo, o testamento espiritual de Cristiano Rosa-Cruz exige que o ser humano compreenda esse plano, que se liberte, para servi-lo e realizá-lo. A vontade livre para realizar o plano que está oculto no Evangelho, nos mistérios cristãos, recebem-na os que possuem a chave para tanto e também a utilizam: "a liberdade do Evangelho". A chave é a compreensão de como o ser humano é absorvido no plano divino acima do qual está a glória de Deus, que é intangível. Assim se fecha o círculo que envolve o compêndio dos rosa-cruzes, o círculo hermético, o ouroboro dos gnósticos. E aconteça o que acontecer, "a glória de Deus é intangível".

C.R.C. não é, pois, um personagem de conto de fadas em um sepulcro. Ele é o novo homem de uma nova época. Novo no sentido de libertação do antigo homem destinado à morte. A nova época é o ingresso nas alturas espirituais do ser universal de Cristo. É o renascimento ligado a esse fato. Enfatizamos a palavra "universal" porque nesse ser de Cristo está presente a Gnosis de todos os tempos, a sabedoria universal. Cristiano Rosa-Cruz precedeu a todos os que buscam nessa direção e se sentem chamados. Ele segue o caminho crístico de salvação que leva para fora do túmulo da morte, da prisão do mundo dialético, do mundo dos opostos, da roda do nascimento e da morte. C.R.C. é o modelo para cada ser humano que busca sua elevada meta de vida e seu destino. É por isso que ele estremece na noite da véspera da Páscoa, sem saber o que irá acontecer, e se assusta com a tempestade que o acomete, com a tempestade do Espírito que o conclama a subir a montanha onde estão os três templos, os templos do Espírito, da alma e do novo corpo.

Que significado tem C.R.C. para nossa época? O mesmo, nem mais nem menos, que há quatro séculos, pois C.R.C. ainda hoje é atual. Não nos encontramos numa grande crise em nossos dias? O Estado e a Igreja não se opõem convulsivamente ao desenvolvimento e ao progresso da ciência? Não combatem novamente contra os Galileus, os Keplers e os Giordanos Brunos de nosso tempo? E não se opõem outra vez aos rosa-cruzes? Uma concepção dogmática de mundo não é outra vez aniquilada, por exemplo, pela corrida espacial, pela astronomia e pelas teorias mais recentes sobre o surgimento do Universo? A origem da humanidade não é mais uma vez objeto de debates? O criador do Universo, devido aos milhões de sistemas galáticos, não é visto num contexto diferente? Além disso tudo, a crise em que nos encontramos é tão inacreditavelmente complexa que põe o machado nas raízes de nossa existência.

A Fraternidade da Rosa-Cruz, cujo fundador, pai e protótipo foi C.R.C., possui de fato a Casa *Sancti Spiritus*. Embora oculta ao olho profano, essa casa é claramente visível e pode ser encontrada. Ela se manifesta de período a período no curso dos tempos quando ocorrem momentos críticos, como, por exemplo, há quatrocentos anos e hoje.

Qualquer pessoa que estude a época antes e depois de Andreæ necessariamente verifica que um poderoso impulso espiritual causou reações nos mais diferentes lugares e em muitos homens que não tinham ligações entre si.

No entanto, a ideia, o grande ideal, o chamado da Fraternidade da Rosa-Cruz, não está fixada no ano 1600. A Fraternidade sempre se manifestou quando um novo impulso espiritual foi enviado para a humanidade, sempre colaborando nisso em todas as épocas.

C.R.C. não é um personagem inventado pela pena de um ser humano: ele é e sempre foi uma realidade. No entanto, estamos convencidos de que a sabedoria e os ensinamentos ligados ao nome C.R.C. são muito mais antigos do que o ano 1600. A Casa *Sancti Spiritus* é, pois, também uma morada espiritual. Dito de maneira moderna: é um campo de irradiação que atua inspirando todos os seres humanos que estão enobrecidos, que são chamados e estão abertos para ele. Quem são eles?

São os seres humanos cujo comportamento demonstra maturidade espiritual e que são acessíveis em sua alma. Esses momentos críticos são ocasionados por poderosas influências de natureza espiritual que provêm a nós do macrocosmo, e é por isso que a Fraternidade da Rosacruz Áurea entra em cena como sucessora dos rosa-cruzes clássicos de quatro séculos atrás.

O momento crítico indicado na nova *Fama,* no novo "Chamado da Fraternidade da Rosa-Cruz", vale para a humanidade inteira e não apenas para alguns grupos sectários. Ela indica uma mudança irrevogável do inteiro curso da humanidade, do qual participam obrigatoriamente cada ser humano, cada povo e cada raça. Gostaríamos de citar alguns trechos dessa nova *Fama* do ano de 1952, escrita por Jan van Rijckenborgh:

"Os membros da Fraternidade Universal da Rosacruz Áurea amam profundamente toda a humanidade; a Fraternidade quer servir inteiramente a todos que assim o desejem, sem exceção. Ela não distribui iniciações nem outorga privilégios especiais a pessoas destacadas. Ela é para todos e mantém-se em completa objetividade, independente de nacionalidade ou raça, livre de perturbações ou movimentos políticos, sociais e econômicos, visto que, ao servir a humanidade, a Fraternidade não tem o menor interesse nesta ordem mundial dialética comum. A Fraternidade devota-se à pátria original da raça humana, o Reino Imutável, o reino que não é deste mundo. A Fraternidade devota-se — assim o enfatizamos com toda a determinação — ao reino de Cristo. [...] O reino de Cristo ao qual a Fraternidade da Rosacruz Áurea se devota é uma realidade vivente, um fato, uma ordem mundial que não pode ser encontrada quer na esfera material, quer na esfera refletora. É uma ordem que não se faz conhecer pelos homens ou pela autoridade dos homens, mas em primeiro lugar e acima de tudo por forças. Forças que são conhecidas por uma variedade de nomes, e gostaríamos de dar-vos a conhecer uma dessas denominações.

Para designar essas forças do campo de irradiação da Fraternidade falamos frequentemente de irradiações eletromagnéticas. Queremos chamar vossa atenção particularmente para essas irradiações eletromagnéticas. Desejamos atrair toda a vossa atenção possível para elas, pois são essas irradiações eletromagnéticas que suportarão e confirmarão a moderna *Fama Fraternitatis.* Existe um campo de irradiação eletromagnética que mantém a vida no processo comum do nosso mundo e há um outro campo de irradiação eletromagnética proveniente de um universo diferente [...] Essa é em verdade a base em que nossa moderna *Fama Fraternitatis* se baseia. Portanto, não estamos introduzindo uma nova ideia, uma nova especulação, mas anunciamos um novo desenvolvimento do mundo e da humanidade, acerca do qual devemos todos ponderar. Não se trata de um acontecimento que se processará em dez ou vinte anos, de forma que poderíeis acrescentar essa *Fama Fraternitatis* àquela série de profecias de toda sorte que já existe. Não, isso se relaciona com um desenvolvimento que já começou e no qual estamos todos envolvidos. [...] Assim, a nossa *Fama Fraternitatis* aparece no momento exato, momento do qual se pode dizer: 'Vinde e vede'. [...]

O que é a Fraternidade? É diferente do que podeis imaginar, ou do que possais ter ouvido a respeito. A Fraternidade é a unidade dos bem dispostos, a comunhão dos filhos de Deus. Todos os que por meio da rosa-do-coração aberta adentram o novo campo de irradiação manifestado são ligados à corrente da Fraternidade. A força dessa ligação é determinada por nós mesmos, por nosso próprio estado de ser, e não há ninguém capaz de impedir vossa adoção pela Fraternidade, a menos que vós próprios vos detenhais."

A senda de C.R.C., descrita no relato dos mistérios das núpcias alquímicas, é um caminho que tem de ser trilhado no próprio ser humano. É o processo que conduz da transmutação alquímica à transfiguração. Em nossa época, Cristiano Rosa-Cruz significa, pois, seguirmos nós mesmos o caminho, subirmos nós mesmos os sete degraus para os três templos na montanha — o Espírito, a alma e o novo corpo —, realizarmos nós mesmos em nosso interior os sete dias da criação do novo homem. Portanto, C.R.C. está submerso em cada ser humano. Seu túmulo está oculto em nosso microcosmo. Desse túmulo em nosso interior ele deve ressuscitar.

Por isso Theophilus Schweighard disse: *Gehe in dich selbst* (Entra em ti mesmo), pois é em nós que deve acontecer a alquimia transfigurística de C.R.C. Paulo também disse: "A ardente expectativa da criação aguarda a revelação dos filhos de Deus". E onde está o filho de Deus? Ele se encontra no coração. É a pérola, a rosa, a semente-Jesus. Por isso é dito: *Jesu mihi omnia,* Jesus é tudo para mim. A Fraternidade da Rosacruz Áurea apresenta, pois, C.R.C. na atualidade; e novamente, então, também para nossa época, é essencial seguir seu exemplo.

5

Johann Valentin Andreæ, Fênix da Renascença

Como é a vida de um ser humano que, ao ser tocado pelo impulso de Cristiano Rosa-Cruz, transforma esse impulso em realidade em seu cotidiano? A biografia de Johann Valentin Andreæ revela que os acontecimentos exteriores da vida, quer sejam eles privados ou públicos, são sempre apenas a matéria na qual as qualidades interiores do ser humano têm de ser provadas e expressar-se.

Juventude

Em 1601, quando Johann Valentin Andreæ tinha quinze anos, seu pai, pastor de Königsbronn, falece. Sua mãe, Maria Moser, encontra-se sozinha com seis filhos para criar. Seu marido, que vivera um dia após o outro com generosidade e totalmente segundo as Escrituras, deixa a viúva sem recursos. A família muda-se para Tübingen, onde vivem alguns amigos que oferecem segurança. Durante a viagem, o jovem Valentin, por descuido, é vítima de um acidente em consequência do qual claudicará por toda a vida. Essa desvantagem não o impede de passar em seus exames, dois anos mais tarde. Ele devora a literatura da época, à qual consagra a maior parte de suas noites. Primeiro, são a História, a Filosofia e a Filologia que o interessam. Depois, como sonha fazer viagens, aplica-se às línguas. Em seguida, sente-se cativado pelas ciências, em particular a Matemática, a Óptica e a Astronomia. Ele se lembra também que seu pai tinha um laboratório alquímico na paróquia.

Estudante de Teologia

O estudante promissor prepara-se para se tornar pastor, como seu pai e seu avô Jakob, este último consignatário da *Formulæ Concordiæ* (1577), um acordo que visava a união das igrejas luteranas. Em Tübingen ele completa seus estudos de Teologia sob as melhores condições. Os dignatários acadêmicos e também todo o ducado de Württemberg – um baluarte da ortodoxia luterana – apoiam-no.

A universidade de Tübingen é um foco vivo do espírito da Renascença. Encorajados pelo duque Friedrich von Württemberg, eruditos de todas as disciplinas aí se encontram: alquimistas, terapeutas, astrólogos e outros. Entre eles, há muitos rebeldes espirituais, o que desperta a indignação do príncipe e o leva a nomear, na qualidade de conselheiro particular, Matthaüs Enzlin, influente e muito devotado a ele, jurista competente e professor de direito romano.

Em 1607, dois anos após ter obtido seu diploma acadêmico, Valentin vê seu futuro obscurecido por uma "negra tempestade". Em sua autobiografia, *Vita ab ipso conscripta,* ele relata de forma alegórica – na forma de um pesadelo – que uma nuvem negra pesada desce sobre a cidade e entra pela janela aberta para sujá-lo. Trata-se de um panfleto satírico escrito por estudantes sobre as autoridades. Matthäus Enzlin, que representa a autoridade local, sente-se pessoalmente atacado e apresenta uma queixa para denunciar o "abominável panfleto". Esse incidente acarreta consequências desastrosas para o jovem estudante Andreæ, envolvido nesse escândalo. Ele é aconselhado por seus protetores a viajar, a fim de desviar a atenção de si.

Viagens

Durante suas muitas viagens, que qualifica de acadêmicas, ele acumula numerosos conhecimentos e faz muitas amizades. Do lado calvinista, ele se impressiona sobretudo com a organização das comunidades evangélicas. Durante uma viagem que o leva à França, Suíça e Itália, verifica, em Roma, que a Igreja Católica está corrompida e decadente. Ele passa por importantes cidades da Alemanha e tem acesso à famosa biblioteca palatina. Na Baviera, testemunha sérias confrontações entre católicos e protestantes.

Em 1610, termina seus estudos com uma tese de doutorado, mas sua candidatura às funções eclesiásticas é rejeitada por um veto proveniente de pessoas próximas ao príncipe, que têm poderes na nomeação dos ministros de culto.

Não obstante o apoio e a estima de que desfruta na Academia, o brilhante descendente da família Andreæ se desencoraja. "Comecei a desviar-me, aos poucos, da Teologia e a considerar uma mudança de existência", escreve em sua autobiografia. Para garantir sua subsistência, torna-se preceptor de dois jovens nobres e redige um trabalho sobre educação, *Theodosius,* que, entretanto, não é publicado. Andreæ, interessado por tudo, procura contatos com relojoeiros, ourives, carpinteiros. Ele tem grande interesse por técnicas novas e invenções modernas, fontes, minas, mecanismos geniais, mapas-múndi. Muito disso tudo é mencionado mais tarde no livro *As núpcias alquímicas de Christian Rosenkreuz.* No decorrer de outras viagens, repara, por exemplo, em um mapa de Gérard Mercator, na cidade de Damcar, na "Arabia Felix" (Arábia, a Feliz), que ele citará na *Fama Fraternitatis.* Andreæ retorna à França e à Itália e viaja também para a Áustria. Em 1614, quando pensa em viajar para a Holanda, é nomeado diácono em Vaihinger. Daí em diante já não deixará a Alemanha.

Os pensadores com quem Andreæ mantém laços de amizade se ocupam das "ciências superiores" da época. Como eruditos de grande saber linguístico, eles dão a seus discursos um caráter universal. Não se interessam apenas pelo "Novo Mundo", mas ocupam-se também com o "Livro da Natureza" e com "A metade desconhecida do mundo". Muitos textos gregos e latinos são estudados em círculos reservados, e não é exceção quando se vê ensinar em universidades como a de Tübingen, o hebreu, o caldeu, o aramaico. Porfírio, Averroés, Al Ghazali, Geber (Djabir Ibn Hayyân), Maimônides são nomes que qualquer buscador conhece. O pássaro fênix é associado à "grande obra" alquímica. Pansofia, cabala, naometria, profecia, hermetismo, astrologia, filosofia — tudo existe para engendrar obras padrões, edições simbólicas, contos esotéricos e hieróglifos. A linguagem da época e a maneira de discursar correspondem perfeitamente ao anseio inexorável por reformas sociais e à profunda necessidade interior de renascimento espiritual. Existe profundo interesse pelos tesouros espirituais da Antiguidade. No plano das ideias educacionais todas as formas esclerosadas são rejeitadas; protesta-se. O ser humano fortalece-se cada vez mais como indivíduo em comparação com as instituições sociais.

Johann Valentin Andreæ está amplamente informado sobre o espírito de seu tempo. Dá cursos de ciência com o auxílio de ilustrações que ele mesmo concebe, desenvolve seus conhecimentos e talentos de escritor, e, com o auxílio de alguns amigos íntimos, os três célebres manifestos da Fraternidade da Rosa-Cruz tomam forma definitiva sob sua pena. No entanto, esses três manifestos possivelmente foram publicados sem o consentimento de Andreæ. Ele é obrigado a defender sua situação clerical quando o acusam de heresia por causa desses escritos. Para livrar-se de qualquer suspeita, afirma numa profissão de fé que sempre zombou da "fábula dos rosa-cruzes". Em sua *Mythologia Christiana,* que foi publicada em 1619, quatro anos após a publicação anônima da *Confessio* e da *Fama,* ele declara: "De fato, perguntei-me com espanto como um equívoco tão imenso e absurdo como esse poderia atrair para si quase todas as esferas da vida".

Reforma e Renascença

Diante do medo, da fome e da morte, os homens mortais sempre se agarram às esperanças ilusórias, ao miraculoso e às profecias. Tudo isso representa para eles um ponto luminoso na escuridão. Isso explica por que a discussão pública, na época do teólogo saxão, é caracterizada por uma linguagem sombria e mística. Há um enxame de utopias, oráculos e profecias que transformam fatos em augúrios. Em meio a todos esses fenômenos, os três manifestos dos rosa-cruzes alcançam um sucesso inacreditável. Entretanto, nada mais são do que três livros em meio à profusão de livros e manuscritos com que se ocupam muitos intelectuais alimentados pelo clima da Renascença.

A obra completa de Andreæ expressa uma mitologia cristã abrangente no espírito da época. A força propulsora é, primeiro, o anseio de ver o mundo corrompido inteiramente transformado, seguida da questão de que papel a ciência e a consciência podem desempenhar nesse contexto, e finalmente a profecia de grande alcance de que tudo isso aconteceria de acordo com a vontade divina. No entanto, o inspirador na inteira obra de Andreæ é que ele emprega todos esses meios a fim de estimular seus contemporâneos a uma verdadeira prática de vida cristã, a uma reforma interior. Escolástica, charlatanice, universidades, comércio, administração da justiça, astrologia, política — sua pena genial não poupa nada nem ninguém. Porque em geral não teme provocar escândalo, denunciando erros e abusos, ele desencadeia reações violentas, sobretudo por parte dos partidários da aliança entre Estado e Igreja, notadamente após os acontecimentos envolvendo o panfleto de 1607 e a confusão em torno de sua pessoa após o aparecimento dos manifestos dos rosa-cruzes.

O escritor

Andreæ coloca sua inteligência viva e sua educação acadêmica versátil a serviço de sua missão: despertar a consciência do ser humano, reviver a verdade e reorganizar a sociedade segundo as normas do verdadeiro cristianismo. Para esse objetivo ele utiliza escrita secreta, paradoxos, enigmas, símbolos, alegorias, apologias, numerologia etc. Ora ele se utiliza da linguagem das "ciências superiores" e dos intelectuais, ora de imagens e alegorias, a fim de suscitar em seus leitores uma aspiração pura por valores originais.

Especialista em desmascarar a fraude e a ilusão, ele verifica o mal causado pela pseudociência assim como pela ciência "exata" quando são empregadas para objetivos falsos. Sua obra literária talvez mereça a maior atenção quando ele busca transmitir a essência do cristianismo. Assim, em muitas de suas obras, as verdades cristãs e o mistério cristão da ressurreição são enunciados e formulados por meio de imagens e expressões literárias e filosóficas tiradas dos mitos, da cabala, da alquimia e de outras "ciências superiores". Desse modo, todos os símbolos e enigmas que encontram ressonância tanto no buscador curioso quanto no sincero, ambos igualmente obcecados com o hermetismo, perdem seu significado isolado, e verifica-se que eles nada são além de forma e linguagem a serviço da mesma causa sublime.

Nesse sentido, *As núpcias alquímicas de Christian Rosenkreuz* é uma obra hermética que é transformada em fonte de espiritualidade cristã para todos os buscadores sérios que desejam e podem refrigerar-se com a força intangível do Espírito e ser purificados por ela. Além disso, esse Hércules devotado a defender o verdadeiro cristianismo dirige-se com paixão e com conhecimento psicológico contra os irresolutos, os crédulos, os supersticiosos, os calculistas, que projetam na Rosa-Cruz seu sonho de perfeição e esperam que os métodos mágicos da Fraternidade da Rosa-Cruz compensem suas deficiências.

Em Vaihingen, o cargo de pastor deixa-lhe muito tempo livre, e ele frequenta círculos intelectuais cristãos. Talvez nessa cidade tenha surgido a ideia da *Christianæ Societatis Imago,* trabalho semelhante ao livro *Reipublicæ Christianopolitanæ*

Descriptio. A princípio, essas concepções de sociedades ideais dirigem-se apenas aos melhores de seus "amigos secretos". Seus amigos íntimos ocupam-se sobretudo com alquimia, pansofia, cabala, numerologia, profecias etc., e possuem os textos de Hermes, Platão, Porfírio, Paracelso, Boehme. Eles estudam a fundo o conteúdo da *Civitas Solis* (A cidade do Sol), de Campanella, os teoremas de John Dee e o *Amphitheatrum Sapientiæ Aeternæ* (O anfiteatro da sabedoria eterna), de Khunrath. Pode-se supor, no mínimo, que tudo foi assimilado e atualizado nos três textos que são considerados os manifestos dos rosa-cruzes. De qualquer modo, as linhas de parentesco espiritual são evidentes.

Os axiomas de Besold, de Andreæ e de outros amigos íntimos estão impregnados do ideal de uma comunidade verdadeiramente cristã. Para realizar na vida cotidiana a verdadeira *imitação de Cristo* é preciso estar *no* mundo, mas já não ser *do* mundo. O melhor meio de conseguir isso é considerar que somos apenas os guardiães dos bens que nos são confiados e que é preciso usá-los para auxiliar nosso próximo.

Uma aplicação concreta dessa ideia é a criação, em Calw, em 1621, da *Fundação dos Tintureiros*. Os estatutos dessa instituição de caridade estão voltados em especial para o cuidado da alma, as proposições de Lutero, a administração regular dos sacramentos, um comportamento conforme as exigências cristãs e a transformação de uma religião professada apenas como nome em uma religião efetiva e ativa. Esse exemplo prático de aplicação do amor cristão ao próximo terá vida longa, pois essa instituição permaneceu ativa até o ano de 1963!

Devastações

No primeiro decênio do século XVII a peste surge em vários estados da Alemanha, entre eles o de Württemberg. Algumas localidades são dizimadas totalmente. Além de tempestades terríveis e colheitas destruídas, uma inundação atinge Tübingen em particular. A faculdade de Teologia é forçada a transferir-se para Calw. Por toda parte há escassez e alta de preços. É também a época das perseguições a heréticos e feiticeiras. Essas perseguições não são causadas apenas pelo lado católico. Ainda não se passara nem meio século desde que, na época de Calvino, Michel Servet fora lentamente queimado vivo.

Também em Vaihingen, onde Andreæ é pastor, mulheres inocentes são torturadas e condenadas à fogueira. Uma "crônica das feiticeiras", de 1616, testemunha sobre uma hecatombe que ocorreu em Tübingen. Andreæ denuncia com grande indignação essas práticas desumanas e anticristãs. Aliás, ele sente grande admiração pelo teólogo e humanista espanhol Juan Luis Vivès, que publicou uma impiedosa crítica contra os processos de bruxaria. Erasmo, outro humanista que não esconde suas opiniões, é também um dos autores preferidos de Johann Valentin Andreæ. O auge da desgraça no ducado de Württemberg acontece por ocasião da terrível Guerra dos Trinta Anos. Calw é quase inteiramente devastada pelas tropas bávaras, suecas e croatas em 1634. O pastor Andreæ, que se sente particularmente visado devido à sua fama de chefe da linha luterana, assim como a maioria dos habitantes da cidade, encontra sua casa inteiramente destruída pelo fogo. Sua inestimável biblioteca é reduzida a cinzas, assim como numerosos manuscritos de grande valor, obras ainda não publicadas, seus instrumentos de música, de pesquisa científica, algumas pinturas originais de Dürer, Granach e Holbein. Na região de Württemberg, a população é reduzida de 400.000 para 60.000 almas!

Inspetor eclesiástico

Pouco tempo depois desse trágico episódio, o duque Eberhard procura restaurar a situação em seu ducado. Ele coloca um homem forte como vice-regente: Ferdinand Geitzkofler, que recebe toda a autoridade não somente no domínio civil mas também em assuntos religiosos. Andreæ, por sua vez, tem a tarefa de reorganizar a igreja luterana nesse ducado. Indignado pelas injustiças que a verdade sempre tem de suportar, ele entra em conflito com o governante. Andreæ é nomeado inspetor e é transferido para Stuttgart. Seus relatos denunciam, sem indulgência e com veemente indignação, a decadência, a indiferença e a ignorância da Igreja. Na mesma época é nomeado pregador na corte de Stuttgart e aí pronuncia, de 1639 a 1650, mais de mil sermões. Ele é favorecido pela proteção dos duques de Brunswick, em parte graças à grande amizade que mantém, desde 1613, com o aristocrata Wilhelm von Wense. Os dois amigos partilham os mesmos ideais e as mesmas concepções cristãs.

Andreæ e Wilhelm von Wense são membros da *Societas Christiana,* assim como muitos amigos de Johann Valentin Andreæ, cujo ideal consiste numa reforma da sociedade. Do mesmo modo como na *Fundação dos Tintureiros,* trata-se de aliar o ideal e o concreto numa prática de vida cristã. O cuidado incessante de Andreæ é como unir a terra ao céu.

Johann Valentin Andreæ casou-se em 1614, o mesmo ano em que começara sua carreira eclesiástica. Agnes Elisabeth Grüninger, nascida numa família igualmente conhecida por seus dignatários luteranos, dá-lhe nove filhos. Alguns morrem bem jovens. Um filho epiléptico de dez anos morre por ocasião do saque de Calw. Gottlieb, o mais jovem dos três rapazes, prossegue a linhagem dos teólogos da família Andreæ e se distingue por sua obra poética cristã.

Durante a Guerra dos Trinta Anos, o pastor de Calw dá testemunho de grande coragem. Seu amor pelos homens leva-o a desdobrar-se em zelo heróico com seu devotamento às infelizes vítimas das calamidades da guerra. Saindo de Calw para Stuttgart, ele tem a impressão de abandonar a arca que lhe fora confiada, mas sempre aceita seu destino e seu infortúnio como graça de Deus. Parece então tornar-se ainda mais ativo. As devastações da guerra deixam o ducado em estado catastrófico. Felizmente, ele é mantido pelo duque Augusto de Brunswick a fim de erguer a igreja de suas ruínas e restaurar as condições morais dos sobreviventes de Württemberg. Enquanto conselheiro no consistório de Stuttgart, procura evangelizar e elevar moralmente a população desencorajada. Ele luta contra a dissolução dos costumes, reabre a Academia de Tübingen, cria escolas, restaura a disciplina eclesiástica. Ao mesmo tempo cuida de impedir a penhora do poder civil sobre a autoridade religiosa. *Theophilus,* sua última obra, é publicada em 1649.

Como em *Christianopolis,* ele enfatiza a importância da qualidade do sistema educativo e da instrução religiosa e moral para a saúde do Estado. Finalmente, o grande prelado de Stuttgart consegue fazer crescer a influência religiosa na cidade. Todavia, para ele, cada cristão autêntico deve trazer em si sua *Christianopolis* como morada de Cristo. O ministério eclesiástico de Stuttgart tem razões para qualificar o infatigável "pastor da Suábia" de Fênix dos Teólogos.

Nomeado superintendente geral e dignitário da igreja luterana, Johann Valentin Andreæ pode manter, no decorrer de sua vida, o julgamento assinalado em sua autobiografia: "Minha vida não conheceu um decorrer regular, mas passou por numerosos desvios".

Então apresenta-se o momento em que sua saúde declina seriamente. Aos poucos ele enfraquece, sofre, perde parte da audição e da visão. Sua última carta é endereçada ao "muito afeiçoado e muito estimado" duque Augusto de Brunswick. Depois, esse Hércules cristão, a Fênix dos Teólogos, o campeão do renascimento de um cristianismo autêntico, deixa este mundo. Ele precede a arca que lhe fora confiada.

6

Christianopolis: o fio áureo através dos séculos

Existiu realmente no início do século XVII uma Ordem da Rosa-Cruz, tal como afirmam os três manifestos dos rosa-cruzes? As pessoas que reagiram ao chamado lançado e procuraram essa Ordem não receberam resposta. E não foi encontrado nenhum documento que pudesse demonstrar sua existência concreta.

Resolvemos o enigma diferenciando o núcleo espiritual de uma ordem e sua organização exterior. Com efeito, não houve manifestação exterior, fora as tentativas sem porvir de Andreæ para formar uma comunidade sob o nome de *Societas Christiana.* Se tal organização foi constituída pelos irmãos da Rosa-Cruz, eles a isso renunciaram devido à Guerra dos Trinta Anos e às reações frequentemente grotescas, senão equívocas, que se seguiram ao surgimento dos manifestos, e também porque alguns se serviam do símbolo "Cristiano Rosa-Cruz" em interesse próprio.

Em compensação, existiu, e existe sempre, uma comunidade espiritual para reunir todos os que estavam interiormente penetrados pelo princípio "Cristiano Rosa-Cruz" e realizavam em si mesmos a "Casa *Sancti Spiritus*". Esses buscadores não se autodenominavam necessariamente de rosa-cruzes e não tiveram forçosamente relações com os redatores dos escritos rosacrucianos.

Segundo Rudolf Steiner, nos últimos decênios do século XIII, doze enviados da Fraternidade da Rosa-Cruz, representando os mistérios pré-cristãos para os séculos vindouros, formaram um círculo. No interior desse círculo excepcional de membros da Fraternidade no mundo terrestre surgiu um décimo terceiro irmão, representante direto da Hierarquia de Cristo, que nos mistérios é conhecido sob o nome de Cristiano Rosa-Cruz.

Foi assim que o trabalho visível da Fraternidade da Rosa-Cruz tomou forma na Europa, vivificado pela Corrente de Fraternidades, o Templo da Sabedoria, onde se perpetuam os mistérios de todos os tempos, mistérios sobre os quais repousa a obra dos iniciados da Gnosis.

Os mistérios dos magos da Pérsia, dos profetas caldeus, da sabedoria hermética dos antigos egípcios, do conhecimento dos iniciados gregos, dos gimnosofistas hindus e dos taoístas chineses assim como da gnosis pré-cristã foram reunidos na "Casa *Sancti Spiritus*" da Fraternidade da Rosa-Cruz, edifício espiritual que, como a *Fama Fraternitatis* relata, "mesmo que centenas de milhares de homens o houvessem visto, permaneceria, para o mundo sem Deus, eternamente inviolável, indestrutível, invisível e perfeitamente oculto".

No decorrer dos tempos essa reunião muito particular foi seguida por intervenções individuais ou coletivas dos irmãos da Rosa-Cruz. Seu elevado conhecimento e a prática dos mistérios antigos, a arte real da construção e da transmutação, que é a inteligência das relações perfeitas, estavam profundamente enraizados na consciência dessa parte da humanidade receptiva aos mistérios cristãos.

No século XV e na Renascença, a humanidade recebeu outra vez um possante impulso. Esse foi o início do restabelecimento do antigo Templo da Sabedora. Com efeito, os antigos ideais da Academia Grega platônica assim como a tradição hermética renasceram, mas em ligação com o cristianismo universal. Pela primeira vez o que havia sido preparado pelo círculo de iniciados durante a excepcional reunião citada acima tornava-se claramente visível. Essa preparação ocorreu primeiro nas esferas etéricas superiores, no interior e no exterior da terra, e então foi religada ao nosso campo de vida. O resultado foi um verdadeiro despertar, um toque de trombeta que acordou os homens. Foi a aurora do despertar da Europa.

Nos séculos XV, XVI e XVII, período de expansão da Europa, surgiu um número de incentivadores do plano espiritual, como por exemplo Marsilio Ficino, Giordano Bruno, Tommaso Campanella,

Thomas More, Francis Bacon e tantos outros, autores, por exemplo, de *Christianopolis, A cidade do Sol, Utopia, A fortaleza de Cristo, A nova Atlântida* etc., que anunciavam, de forma quase profética, a possibilidade de construir a nova Jerusalém, cidade onde Cristo poderia entrar pelas doze portas existentes em suas doze muralhas.

O sistema heliocêntrico desenvolveu-se em paralelo, e grandes filósofos esboçaram uma nova imagem do mundo em que o Sol ocupava o centro, e não a Terra. Assim, mesmo que o Sol se encontrasse no centro do macrocosmo, havia também um sol espiritual no centro do homem como "pequeno mundo" ou microcosmo.

Pela primeira vez, muitos escritos trataram do mistério da transfiguração da personalidade terrestre em uma personalidade penetrada pelo Espírito. A invenção da imprensa, na mesma época, permitiu expandir essa mensagem por toda a Europa. A arte, a ciência e a religião também o testemunharam, evocando simbolicamente uma nova constelação cósmica, um novo céu-terra: a nova Jerusalém, designação cada vez mais evidente do "reino que não é deste mundo" (Jo 18:36).

A Europa do século XVI "suspirava em todos os lugares nas dores do parto". Foi a época da Reforma de Lutero; a época de Paracelso, tão amado pelos rosa-cruzes; do piedoso Jacob Boehme; do suave Valentin Weigel, conhecido principalmente dos irmãos da Rosa-Cruz que, no início do século XVII, estudaram juntos como desenvolver o trabalho visível e, no entanto, oculto da Rosa-Cruz, trabalho evocado na *Fama Fraternitatis R.C.*, na *Confessio Fraternitatis R.C.* e em *As núpcias alquímicas de Christian Rosenkreuz*, os famosos manifestos de Johann Valentin Andreæ e de seus irmãos; Johannes Arndt, Christian Besold e Tobias Hess, entre outros. A "Casa *Sancti Spiritus*", o templo clássico da Sabedoria, mantinha-se mais manifestada do que nunca no meio do mundo e lhe oferecia todas as suas possibilidades.

Nesse contexto, sublinhamos o papel da jovem e autoconsciente Holanda, que oferecia abrigo e proteção a muitos dos grandes filósofos europeus, nesses tempos de guerra e perseguição. Entre eles estava João Amós Comênio, que se correspondia com Andreæ e dele recebeu a missão de reacender a flama da Hierarquia de Cristo a fim de levá-la avante. Pensemos também em Espinosa, em Johann Gichtel, um ardente admirador de Jacob Boehme, e nos homens influentes como Conrad van Beierland, que tomou a incumbência de imprimir as obras de Jacob Boehme, conservando-as, assim, para a posteridade.

No século XVII, Amsterdã recolheu todo o tesouro da sabedoria europeia, acolhendo e protegendo os numerosos filósofos expulsos de seus países. Nessa época, quando a intolerância religiosa reinava por toda parte, foram assentados os fundamentos da atividade dos rosa-cruzes, após trezentos anos da instituição da Ordem do Tosão de Ouro em Bruges; a violência da guerra afundou a Alemanha em sangue e lágrimas; o rei da França e de Navarra, o bem amado Henrique IV, descendente da gloriosa casa dos condes de Foix, foi assassinado. O "bom rei Henrique" ordenara abrir a gruta de Lombrives, no vale do Ariège, e transportar para uma tumba em Tarascon os despojos mortais dos irmãos e irmãs cátaros que lá haviam sido enclausurados e jaziam em círculos de doze. O ideal dos irmãos da Rosa-Cruz conseguiu exprimir-se nos Países Baixos, os quais mantinham estreitas relações com o mundo então conhecido. Sua situação estratégica concorreu para a liberdade de religião e para uma grande tolerância com as correntes de pensamento não ortodoxas, tornando-se o refúgio de todos os que, na Europa, foram os inspiradores do desenvolvimento da consciência espiritual.

Não é, pois, de se espantar que, logo após ter aparecido na Alemanha, o *Chamado da Fraternidade da Rosa-Cruz*, a *Fama Fraternitatis R.C.*, tenha alcançado os Países Baixos. Esse chamado, que soou no início do século XVII, encontrou profundo eco e influenciou a vida espiritual europeia até os séculos XVIII e XIX. E, assim, os aspectos elevados da alquimia divina, da cabala cristã e da magia gnóstica foram religados à humanidade em um processo de transmutação.

Muitos acabaram reconhecendo claramente que a vida na terra não é a meta final do homem e que há uma meta de vida bem mais elevada. Sob a influência da Fraternidade manifestada, o ser humano descobria que seu centro é Vulcano, o Sol espiritual; que a oferenda de sua alma natural sobre o altar de serviço à humanidade fazia surgir nele essa constelação-alma-espírito; enfim, que essa transformação deveria acontecer na terra, denominada "a escola de aprendizado da eternidade".

Nessa parte da Europa, espiritual e atmosfericamente tão abençoada, os irmãos da Rosa-Cruz, no silêncio sagrado, produziram um campo de manifestação que, neste século, possibilita trabalhar visivelmente para o mundo e a humanidade, ou seja, realizar o trabalho de Cristiano Rosa-Cruz e de seus irmãos.

Cristiano Rosa-Cruz é o protótipo do transfigurista. Nesse sentido, todos os que seguem seus passos formam sua Fraternidade. Graças a um trabalho preparatório ininterrupto no decorrer dos séculos, eles realizaram a pirâmide, o sétuplo cosmo espiritual, a verdadeira *Christianopolis.*

O desenvolvimento das atividades da Escola Espiritual da Rosacruz Áurea mostra claramente o desenrolar desse trabalho e o poderoso impulso que emana do trabalho de Jan van Rijckenborgh e de Catharose de Petri, trabalho diretamente ligado ao campo espiritual do pai-irmão Cristiano Rosa-Cruz. Por isso trata-se também, na Escola Espiritual moderna, da edificação de uma grande pirâmide espiritual que corresponda plenamente com o trabalho já realizado nos séculos passados. Em outras palavras, tal "campo de colheita" será formado sempre, de baixo para cima, inspirado e elevado graças ao auxílio e à força da Fraternidade Universal, à qual pertencem todas as Fraternidades transfigurísticas.

Assim, o ideal dos irmãos da Rosa-Cruz do século XVII, *Christianopolis,* o cosmo espiritual do qual Cristo é o centro, realiza-se em nossos dias graças ao trabalho sétuplo da Escola Espiritual da Rosacruz Áurea, o Lectorium Rosicrucianum.

7

O contrato sêxtuplo dos irmãos da Rosa-Cruz

A lei fundamental da Fraternidade

O contrato sêxtuplo dos irmãos da Rosa-Cruz baseia-se numa lei espiritual fundamental. Cada verdadeiro irmão conhece e possui essa lei fundamental, que se manifesta desde a época em que a humanidade abandonou a senda espiritual original, portanto desde a época em que ela caiu do mundo espiritual onde vivia. Desse fato se originaram todas as histórias da criação do mundo. É o momento dramático em que a humanidade ingressa na temporalidade. Podemos tomar como fato inegável a expressão "Deus não abandona a obra de suas mãos" , pois a Fraternidade acompanhou os seres humanos em todas as épocas, a fim de lhes mostrar o caminho de retorno. Isso diz respeito à lei fundamental da Fraternidade, na qual se baseia todo o trabalho para a salvação da humanidade que se encontra perdida.

A Casa *Sancti Spiritus,* a Casa do Espírito Santo, é a construção que funciona como elo de ligação entre a natureza da morte e o campo de vida original da humanidade. É a região intermediária de onde o trabalho libertador é empreendido. Na *Fama Fraternitatis R.C.* é dito que os irmãos lá se reúnem regularmente.

A Casa *Sancti Spiritus* tem uma estrutura, um conjunto de princípios nos quais se baseiam sua edificação e sua obra. São os seis axiomas descritos na *Fama Fraternitatis R.C.*

Aí é relatado como os oito irmãos reunidos na Casa *Sancti Spiritus* firmaram um contrato sêxtuplo. Nesses seis pontos foram estabelecidos todo o conteúdo e a organização do trabalho dos irmãos da Rosa-Cruz no mundo. O significado espiritual desses axiomas é evidente; eles dão ao mesmo tempo o fio condutor para a vida cotidiana de cada verdadeiro portador de luz.

O contrato sêxtuplo apresenta-se como segue:

1. *Ninguém deve exercer outro ofício a não ser o de curar os doentes, e isto gratuitamente.*
2. *Ninguém deve ser obrigado, por causa da Fraternidade, a usar uma roupa especial, mas cada um deve seguir o costume do país.*
3. *Cada irmão deve se apresentar anualmente, no dia C., à Casa* Sancti Spiritus, *ou comunicar a razão de sua ausência.*
4. *Cada irmão deve se assegurar de ter uma pessoa de valor que possa, a seu tempo, sucedê-lo.*
5. *A sigla "R.C." deve ser seu selo, insígnia e distintivo.*

6. *A Fraternidade deve permanecer secreta durante cem anos.*

Esses seis artigos uniam os irmãos uns aos outros.

O portador de luz é denominado a justo título um "grande homem". Ele é louvado em inúmeras tradições religiosas. Sua assinatura é a onipresença, seu caráter distintivo é sua universalidade, ele tem todas as possibilidades de crescer e tornar-se consciente segundo o Espírito.

A Escola Espiritual da Rosacruz Áurea define esse "grande homem" como "nascido duas vezes": o grande renasceu do pequeno. O germe para a alma é o átomo-semente no coração. O aluno da Escola Espiritual está diariamente focalizado nessa realidade e deseja ter, um dia, o direito ao segundo nascimento. Ele reconhece a semente do Outro em si mesmo, a semente da qual o "grande homem" deve surgir.

É impossível descrever todas as características desse novo homem. Podemos dizer: ele é aberto, portanto suave e tolerante; é invisível, portanto pode trabalhar e estar presente em toda parte; é incognoscível, portanto pode ter todos os nomes; é simples, portanto alegre, descomplicado e não é arrogante; é humilde, pois reconhece em si o mundo original. Porém, há muito mais. O que ele é, o que faz, é a condição descrita nos seis axiomas dos irmãos da Rosa-Cruz. Neles está sua assinatura e unidade.

O "grande" homem

Quem quer adquirir essa assinatura deve, à semelhança dos irmãos da Rosa-Cruz, voltar a ser simples, íntegro e aberto. Sem autocomplacência, sem rigidez, sem estreiteza. O aluno estará sempre atento e presente com a alma em todo lugar, embora não necessite estar em parte alguma. Por caminhos diferentes, os seis axiomas levam à mesma conclusão: todo o trabalho deve efetuar-se com base na Casa *Sancti Spiritus.* Na diversidade dos caminhos, o "grande" homem vê e reconhece a única meta: a origem de onde ele e seus irmãos entram e saem, e para a qual, a cada instante, voltam ou comunicam a razão de sua ausência.

O método de cura dos rosa-cruzes

"Ninguém deve exercer outro ofício a não ser o de curar os doentes, e isso gratuitamente."

Quando um rosa-cruz autêntico se propõe a partir para o mundo, a fim de aí realizar sua obra libertadora, ele percebe até as mínimas fibras de seu ser que este mundo é uma prisão na qual seus próximos são vítimas da astúcia, da traição e do embuste. Nesse ponto do caminho de vida, em que essa noção pode despertar, ele nada pode fazer senão lutar para não se ligar com os poderes do inferno. Esse homem sabe, contudo, o que o mantém cativos ele e seus semelhantes.

Quando o princípio nuclear da alma imortal ultrapassa o limite que separa a vida mortal da vida imortal e o homem já não se alimenta dos dois mundos, mas seu ser imortal se alimenta cada vez mais de luz — o alimento-alma por excelência — que ele deixa penetrar em sua vida comum cotidiana, sua vida perde o poder limitador. Portanto, a princípio, a torrente do mal já não pode se derramar nele. A situação é a seguinte: o ser humano definha nas trevas porque a luz já não pode alcançá-lo no escuro casulo da sua personalidade. A luta cotidiana para uma existência melhor endurece o coração e o torna totalmente inacessível. Privados da luz do sol físico que alimenta e cura, planta, animal e homem morrem, toda a natureza perece. Sem a luz que cura, purifica, nutre e santifica, essa luz que Deus envia aos homens, o princípio da eternidade morre neles. Na noite, é possível vegetar ainda um pouco sob a luz artificial, mas a alma eterna é incapaz de viver assim, mesmo que a ciência e a religião queiram nos convencer do contrário. O tempo será longo, muito longo, antes que essa compreensão possa ser adquirida, antes que seja possível traduzir em atos e escolher deliberadamente o caminho da vida imortal.

Talvez seja bom precisar aqui claramente que o mal vivenciado no mundo é uma ilusão organizada, fundamentada em castelos de cartas edificados por pensamentos e ritos milenares, que acabaram formando campos de força eletromagnéticos monstruosos. Esses campos de força governam o destino da humanidade prisioneira. Eles mesmos são privados de luz e não têm força libertadora e regeneradora. Eles existem e se perpetuam às custas de suas vítimas, as quais enganam para se manter vivos.

Curar o próprio sistema

Os irmãos da Rosa-Cruz compreenderam há séculos que a luta contra a miséria humana não faz sentido se não houver uma rápida mudança na influência desses campos de força que se automantêm, criados por sistemas dogmáticos, ideologias, psicoses de massa etc., se não se reconhecer suas funções para poder neutralizá-las.

Trata-se de já não viver interiormente dessas forças, de uma luta para sanar, curar, santificar o microcosmo danificado. E assim que essa fase de santificação e cura do próprio sistema for alcançada, será possível auxiliar as outras criaturas, devido ao fato de se haver conseguido imunidade às forças infernais degenerativas.

"Curar os doentes gratuitamente" significa que o rosa-cruz nada quer receber para seu auxílio que pertença a este mundo, porque sabe que a recompensa virá sob a forma de alimento para sua alma, derramado e assegurado pela luz divina.

Para curar, ele não se serve de bálsamos, de preparados etc., mas vai direto à própria raiz da miséria humana. Por acaso, isso significa que ele passa sem intervir diante dos que sofrem? Absolutamente não. Ele fará o possível para socorrer seu próximo na dor. O trabalho de cura, no sentido absoluto, é assunto da alma liberta que, sem reserva, recebe suas diretrizes do Espírito divino e pode tomar eficazmente seu lugar no plano divino. A cura que o manifesto rosa-cruz considera é a cura da doença fundamental da humanidade, sua queda e todas as suas consequências.

A cura no sentido gnóstico é, pois, um processo que restabelece a ligação original com o reino de Deus. E isso apenas pode ser feito fundamentado na Gnosis. A Gnosis é uma força ativa: a liberação da luz de Deus em cada um. Não é uma palavra escrita, mas um saber original vivido, experimentado. A Gnosis não vem a nós se não lhe abrimos o caminho, mas somente se dermos lugar e uma boa condição em nosso ser a essa força pura original de Deus, que então é liberada e se põe à disposição de todas as criaturas que sofrem e se arriscam a perecer em sua miséria.

Curar nesse sentido é "restabelecer", encontrar o que estava perdido e já não ser a expressão de sua fraqueza. A Fraternidade da Rosacruz Áurea desce com seus servidores na miséria do mundo para curá-lo, para tirar da degenerescência a criação em desgraça e suas criaturas monstruosas.

Tendo em vista salvar da perdição o máximo de almas, os verdadeiros rosa-cruzes esforçam-se para curar os que ainda podem suportar essa cura. E eles cumprem esse trabalho gratuitamente, como Cristo fez a oferenda de si mesmo para salvar todos os que caíram.

A vestimenta do aluno no caminho
"Ninguém deve ser obrigado, por causa da Fraternidade, a usar uma roupa especial, mas cada um deve seguir o costume do país."

O irmão da Rosa-Cruz usa voluntariamente a vestimenta do país onde trabalha. Ele mesmo é livre de qualquer vestimenta. Ele pode permanecer em qualquer país, pois não tem lar.

"Eu nada sei, nada posso, nada me faz feliz, eu não aprendo nada, eu não procuro nada e não desejo nada, nem do céu, nem da terra; somente o Verbo vivo que se fez carne, Jesus Cristo, crucificado." Esse irmão é "nascido duas vezes", e por isso ele é, em sentido literal, sem nascimento e sem morte. E é por isso que pode endossar a vestimenta do país onde trabalha. Ele não se identifica com uma vestimenta, não se liga a ela. Pela expressão "vestimenta do país", é preciso entender os costumes, as leis e a língua de um povo. O irmão rosa-cruz respeita as leis e costumes do país onde trabalha. Ele sabe que essas são as condições dos habitantes desse país. E porque aceita essas condições uma ponte se forma entre ele e os habitantes desse mundo no nível das coisas perecíveis. Sobre essa ponte ele pode encontrá-los e ser aceito por eles, e informá-los sobre o mundo das coisas imperecíveis.

Como o irmão rosa-cruz sabe que a vestimenta de cada país é relativa, ele nunca entra em conflito se um costume ou uma lei são contraditórios.

Ele aceita os costumes, a essência, a linguagem de seu vizinho. Ele não precisa defender a sua vestimenta. A "vestimenta do país" pode também ser interpretada como traços característicos de um grupo ou de um indivíduo. Certamente o irmão da Rosa-Cruz tem, ele também, traços que lhe são próprios: caráter, destino, experiência. Mas ele está a princípio livre dessa "vestimenta" do homem terreno. Ele não é apegado a esta vida, não precisa defendê-la e não é constrangido por ela. Ele vive a vida sem morte e não a vida perecível. Por isso é capaz de entender a vestimenta e o modo de ser de cada homem. Ele consegue se aproximar do nível de cada homem. Nesse sentido Paulo diz: "E fiz-me como judeu para os judeus, para ganhar os judeus (...) Fiz-me como fraco para os fracos, para ganhar os fracos. Fiz-me tudo para todos..." (1 Co 9:20–22).

Ele sempre consegue trabalhar no nível de experiência dos outros e não quer impor suas próprias experiências. Com isso, gera a ponte de encontro com os outros; o "novo" nele, a palavra viva, pode então tocar o "novo" nos outros, e ambas as vestimentas terrestres tornam-se secundárias; tudo o que é terrestre e mortal se cala nos que se encontram assim: o imortal surge em sua consciência e os une num novo plano.

Não há nisso nenhuma tática. Tática seria se o irmão rosa-cruz apagasse sua vestimenta. Então ele reprimiria temporariamente seus sentimentos e concepções e se "sintonizaria" com o outro.

Dessa forma nada de novo poderia fluir entre os dois. O novo seria obstaculizado e o ser humano perceberia a tática injusta. Não, o encontro entre o que é imortal em cada um efetua-se quando o irmão, pela rendição do eu, já não tem apego ao próprio caráter e se liberou do destino, de forma que o que é mortal nele se cala. Somente então os outros reconhecem quem são e podem ser aceitos tal como são. Em suma: o amor de Deus, que tudo suporta, tudo compreende e não retribui jamais o mal com o mal, manifesta-se neles. Esse amor, que não tem nada a ver com a bondade bem intencionada, pode, pois, através da vestimenta usada por todos os seres humanos, tocar o que é imortal neles.

A unidade em Deus

"Cada irmão deve se apresentar anualmente, no dia C., à Casa *Sancti Spiritus*, ou comunicar a razão de sua ausência."

Para os irmãos da Rosa-Cruz, esse ponto do contrato sêxtuplo leva ao próprio coração do aprendizado, ou seja, ao comportamento cotidiano. No dia C., *Dies crucis,* o dia da cruz, o dia de Cristo, cada dia que Deus nos dá, o irmão deve apresentar-se na Casa *Sancti Spiritus.* Esse lugar não é apenas seu ponto de partida, o irmão o sustenta também por seus pensamentos viventes e sua força de amor. Trata-se de um "corpo-vivo" que se desenvolve espiritualmente com base na corrente gnóstica universal das Fraternidades e em estreita ligação com ela. A intervenção do aluno no mundo procede de sua ligação com esse corpo-vivo, a Casa *Sancti Spiritus.* Seu comportamento na sociedade quanto aos poderes religiosos e políticos estabelecidos não é determinado pela pergunta "Qual posição adotar em tudo isso?", mas pela seguinte: "Qual lugar ocupar da forma mais natural para contribuir com o desenvolvimento espiritual da humanidade?" O aluno inteiramente fixado na Hierarquia de Cristo e ligado a ela se apresenta, pois, cada dia à Casa *Sancti Spiritus.* É nela que ele recebe sua força e que lhe é possível ser neste mundo um irmão da Rosa-Cruz. Por sua ligação, hesitante no início, mas a cada dia mais forte, à medida que seu aprendizado progride, com essa cidadela sutil de energia, de força e de luz, ele vivencia um processo de desenvolvimento da consciência, enquanto a influência da Casa *Sancti Spiritus* se torna cada dia mais atuante nele. Na *Fama Fraternitis R.C.,* lemos: "Após cento e vinte anos serei aberta". Somente quando o aluno amadurece, quando vivencia todos os aspectos da vida, a Casa *Sancti Spiritus* revela-se para ele.

O templo clássico da iniciação, a cidadela, o castelo do qual se fala em *As núpcias alquímicas de Christian Rosenkreuz,* é um símbolo muito antigo; mas como corpo-vivo da Escola Espiritual da Rosacruz Áurea ele representa, em nossa época, uma noção muito jovem e muito luminosa. Participar conscientemente desse corpo-vivo, com alegria, em autorrendição, significa estar o mais possível neste mundo, mas já não ser deste mundo.

O mundo, seja qual for o lugar que ocupamos nele, é o lugar no qual é preciso tornar visíveis aos homens as atividades invisíveis da criação. Ser "irmão" de todos os companheiros com os quais somos ligados segundo nosso nascimento natural mostra com que finalidade devemos servir fundamentados no contrato sêxtuplo. O aluno da Escola Espiritual não é um "eleito" a quem seria permitido renunciar ao mundo em razão de suas "elevadas" funções. Ele não coloca o mundo num pedestal, tentando resolver com a luz do sol gnóstico os contrastes gritantes. Ao contrário, ele segue em meio do mundo, em virtude de sua ligação consciente com as linhas de força da Fraternidade da verdadeira vida, e a luz se faz conhecer nas trevas através dele.

Concretamente, o aluno deve ter em conta as resistências que pode provocar em razão de um elemento desconhecido: o desabrochar da rosa-do-coração. A fonte de toda a vida, o novo campo astral gnóstico do qual se alimenta e ao qual se sente ligado mediante a atividade da rosa, faz surgir inquietude e incerteza na vida cotidiana de seus companheiros de destino. Também eles não explicam seus procedimentos e às vezes os recusam, ou aproximam-se com certa prudência. Por isso é importante que o aluno da Escola Espiritual tenha consciência do lugar particular que ocupa. Serão exigidos dele resultados excepcionais? Deve manter-se vigilante, prevenindo supostos ataques? Deve adotar uma atitude especial? De forma nenhuma. Enquanto membro do corpo-vivo, portanto ligado aos tesouros do templo clássico de iniciação de todos os tempos, a cada dia, a cada hora, ele se esforça para entender o que é esperado dele. No início de seu aprendizado ele aceitou a imagem do homem como microcosmo, a manifestação original. Ele reconheceu e aceitou de todo o coração as consequências para realizar essa imagem do homem verdadeiro e, mediante seu discipulado, está no caminho. A realização sincera da única verdade em si mesmo na força de Cristo não pode e nem deve ficar oculta, e ele segue seu caminho pleno de fé na sua realização. Ele age inteligentemente e não procura e nem provoca as forças contrárias, que só fariam tornar seu percurso mais difícil. Ele não esconde suas opiniões, mas mergulha na realidade do contrato sêxtuplo, sem limitar ou imitar, mas vivendo-o, porque o reconheceu em si mesmo como ardente verdade.

A "razão da sua ausência"

Muitas vezes o aluno falhará em sua tarefa, considerando-se o processo de purificação que deve realizar como uma entidade decaída. Muitas vezes o mundo zombará às escondidas desse idealista que se entrega a uma realidade imaginária. Então pode acontecer que, durante o desencadear do combate, o desencorajamento, a incerteza ou a dúvida se apoderem dele a ponto de desviá-lo do campo de vida gnóstico e impedi-lo de se apresentar à Casa *Sancti Spiritus*. Nesse caso, como assegura ele, mesmo assim, o auxílio da Fraternidade da Vida e da Casa *Sancti Spiritus*? O aluno comunica "a razão de sua ausência". Falando de outro modo, ele toma consciência de suas dúvidas e de sua falta de coragem diante de seu tribunal interno, face à Casa *Sancti Spiritus*. Ele confia suas dúvidas à Fraternidade da Vida e, fazendo isso, chama sobre si a atividade mágica do impulso divino. Se de fato abandonar suas dúvidas e seu desencorajamento, ele será auxiliado e retornará à unidade com Deus.

Apesar de sua fraqueza humana do momento, ele se sabe ligado à comunidade das almas imortais, onde não existe nenhuma separação, onde predomina a lei da igualdade de todos na Gnosis; um por todos e todos por um. A experiência dessa unidade enriquece cada aluno que sabe estar ligado ao campo de vida das almas imortais. Ele vive essa bênção em humildade.

Quando o processo que consiste em crer, compreender e servir começa, acontece nele e independente de sua vontade um desenvolvimento poderoso que lhe dá a força para cumprir o contrato sêxtuplo segundo a verdade e com profunda convicção interior.

A sucessão do irmão da Rosa-Cruz
"Cada irmão deve assegurar-se de uma pessoa de valor que possa, a seu tempo, sucedê-lo."

Não se trata, neste quarto ponto, da sucessão de uma pessoa no próprio sentido, mas da continuação e da transmissão de uma obra espiritual, melhor ainda, de uma força espiritual. Quando se estuda em profundidade os manifestos da Rosa-Cruz clássica descobre-se que é nessário obter uma chave para compreender a linguagem misteriosa. Eles são destinados antes de tudo ao verdadeiro buscador do tesouro espiritual oculto dos rosa-cruzes.

O buscador que reage positivamente à *Fama* e responde ao Chamado é conduzido pela força espiritual da Fraternidade da Rosa-Cruz ao átrio da Casa *Sancti Spiritus*. O que estabeleceram então os rosa-cruzes em sua época? Eles colocaram a exigência e a necessidade de uma revolução espiritual interior completa no mundo, de uma renovação absoluta do homem atolado e emaranhado em cristalizações espirituais. Trata-se de um despertar que ressoa sistematicamente, de um impulso transmitido sem cessar através dos séculos.

Em primeiro lugar, esse despertar espiritual não consiste em palavras, mas numa força de irradiação, uma vibração semelhante ao toque de trombeta de um chamado espiritual que ressoa no mundo. Essa vibração particular busca o coração de todos em quem dormita o desejo de encontrar a verdadeira meta da vida e retornar à origem divina. Esse chamado espiritual aponta em especial para a fonte original. E ao mesmo tempo para a vida material, para os pormenores do homem, para a garra de uma ordem de natureza desviada onde os desígnios de Deus são ignorados e já não podem se realizar. Por mais duro que isso possa parecer, a Rosa-Cruz relembra ao buscador que ele vive numa natureza de morte e é mantido no poço da queda, no poço do enfraquecimento, afirmação que mina os próprios fundamentos da pretensa existência "humana". Quem ainda não está interiormente penetrado dessa ideia não compreende que grande parte da vida merece ser qualificada de não humana; e mesmo se estiver ligado a certo ideal eventualmente realizável, devemos observar que ele está muito longe da realidade.

Sem a força espiritual que emana da Casa *Sancti Spiritus* a tarefa dos irmãos da Fraternidade da Rosa-Cruz seria impossível. É lá que se reúnem todos os que, através dos séculos, trabalharam para a libertação da humanidade. Para que um trabalho continue, cada irmão e irmã da Fraternidade procura uma pessoa digna para sucedê-lo algum dia. Seria um erro supor que o sucessor deva ter exatamente as mesmas capacidades e conhecimentos que o predecessor, um substituto que continue o trabalho exatamente da mesma forma. Seria uma abordagem tão restrita quanto a aplicada no mundo.

A chama do Espírito

O sucessor deve assumir e perpetuar a chama do Espírito, manter no mundo o chamado espiritual, manter aberto o átrio da Casa *Sancti Spiritus.* O mais sublime enviado da Fraternidade, Jesus, o Cristo, disse a seus alunos: "Sede meus discípulos.

Abandonai tudo o que possuís, segui-me e fareis coisas maiores do que estas". O principal não é a aparência exterior do irmão, mas o exemplo que ele dá, o caminho que ele revela e percorre, precedendo os outros. Esse exemplo incita diretamente o buscador tocado no coração a imitá-lo; e essa imitação atrai correntes de força espiritual que o farão progredir no caminho. "Cada irmão deve procurar uma pessoa de valor."

Tal é o contrato, a missão: chamar e encontrar todos os que têm a justa assinatura para percorrer o caminho da transfiguração, portanto que são dignos de confrontá-la e capazes de encontrar e reconhecer, no fundo de seu ser, as revelações da Rosa-Cruz. Esses buscadores existem. Às vezes é apenas um, às vezes é um grande grupo. E os enviados da Casa *Sancti Spiritus* vivem sempre entre os homens, sob diversos nomes e segundo o costume do país e da época. Os homens nunca são deixados a si mesmos.

E no caso em que esse trabalho não possa ser realizado publicamente, ele continua secretamente. Em nossos dias é possível apresentar a obra da Fraternidade da Rosa-Cruz de modo aberto. Ainda que a Casa *Sancti Spiritus* fique oculta ao olho profano, o buscador do verdadeiro bem espiritual pode entrevê-la. Atualmente há homens que seguem o grande exemplo e possuem muita elevação para permanecer e trabalhar na corrente ininterrupta do verdadeiro bem espiritual. A predição dos rosa-cruzes do século XVII, segundo a qual um tempo chegaria quando tudo seria manifestado e quando, da Casa *Sancti Spiritus*, uma grande efusão de força se produziria concretiza-se agora. Um fato é inegável: hoje há a possibilidade de compreender os sinais dos tempos e o chamado do Espírito. Mais do que nunca surge aos buscadores e a todos os que já estão a caminho da verdade a palavra: "Quando o aluno está pronto, o mestre aparece".

O selo da vitória da luz
"A sigla 'R.C.' deve ser seu selo, insígnia e distintivo."

Um documento, prova tangível de uma decisão ou da vontade de alguém, é estabelecido, assinado e enfim provido de um selo, cuja colocação lhe outorga força de lei. O selo é a ratificação do conteúdo.

Coloquemos esta imagem diante dos olhos lendo a quinta convenção dos irmãos da Rosa-Cruz conforme descrita na *Fama Fraternitatis*. Encontramos a mesma imagem no sétimo capítulo do Apocalipse, onde se trata dos "servidores de Deus que foram selados na fronte". O fato de os irmãos terem se servido do símbolo do selo prova que eles estavam conscientes de ser os servidores de Deus, trazendo cada um sua pequena pedra para a realização do plano divino para o mundo e a humanidade. Eles haviam adquirido um perfeito devotamento ao serviço, preparado o coração com zelo, "escrito a letra em seu coração", segundo a expressão de Paulo. Eles percorreram o caminho da Rosa-Cruz, preenchidos de amor, em completa autorrendição, e a flama da nova consciência iluminou-se atrás do osso frontal, como um selo. Eles ataram a rosa à cruz; a palavra rosa-cruz, R.C., tornou-se seu selo.

Não cometamos sobretudo o erro de pensar que esses irmãos acreditassem estar muito acima dos outros. O caminho da transfiguração só pode ser percorrido em autorrendição, quando nos tornamos um irmão, uma irmã. Pensai no capítulo 19 do Apocalipse, em que João se ajoelha aos pés do mensageiro e quer adorá-lo, e este lhe diz: "Olha, não faças tal; sou teu conservo e de teus irmãos". Quando alguém consegue alcançar a vitória realizando a endura, traz o sinal do Filho do homem; é um irmão, uma irmã; dispõe do sinal R.C. como selo.

O sinal R.C. como palavra de ordem

Uma palavra de ordem é também uma senha. Não se pode impedir a entrada a quem a conhece e a pronuncia. A que lugar os irmãos de quem a *Fama Fraternitatis* fala queriam ter acesso? À Casa *Sancti Spiritus,* o novo reino, o campo de vida da unidade das almas, onde o coração preenchido jorra em palavras. Os irmãos nada podem fazer senão exprimir "a palavra R.C." que vive em seu coração. Eles disso estão preenchidos, e todos os seus pensamentos, palavras e ações estão sob esse sinal. "Ó Jerusalém, sobre os teus muros pus guardas, que todo o dia e toda a noite jamais se calarão", disse Isaías no capítulo 62, versículo 6. Não se trata de um fluxo ininterrupto de palavras, mas de uma vida constantemente orientada para a Gnosis. Falar significa, aqui, manifestar o ser inteiro. A sigla R.C. é, pois, a palavra de ordem pela qual os irmãos se reconhecem mutuamente na qualidade de servidores e se acolhem com grande alegria e gratidão.

A sigla R.C. enquanto natureza intrínseca

Quem se livrou da ilusão dos sentidos e, realizando o caminho da Rosa-Cruz com consequência, se tornou digno de ter esse selo, quem transmitiu ao companheiro oculto em seu microcosmo a direção de sua vida e alcançou a entrada no reino das almas, esse essencialmente conhece apenas um único objetivo: a realização do Plano de Deus. Nada mais pode desviar sua atenção, estado de ser que é possível definir dizendo-se que a sigla R.C. se tornou sua natureza intrínseca.

O silêncio do segredo e o segredo do silêncio

"A Fraternidade deve permanecer secreta durante cem anos."

É um segredo, um segredo bem guardado que todos os povos, todas as culturas e todos os homens trazem em si. Ele está escondido no coração dos que sabem, mas também é revelado no coração de cada microcosmo. Ele está escondido no coração do mundo. É a ele que se referem os contos simbólicos, as histórias de mistérios, as lendas e as tradições. Ninguém pode compreendê-los com a consciência humana limitada e superficial. Quando as lendas falam de Graal, espada, pomba, pentagrama, referem-se a esse segredo. A bela adormecida dormiu cem anos em segredo. Por quê? O que isso quer dizer? Os mistérios pré-cristãos assim como os do verdadeiro cristianismo guardam o segredo. Ele foi procurado e encontrado em todos os tempos, mas também rejeitado, desconhecido, negado.

É um segredo que não pode ser traído, o segredo do mundo interior que só pode ser conhecido pelo ser interior. Nós vivemos no mundo exterior, que experimentamos diariamente e cujos elementos são a vida e a morte, o dia e a noite, o poder e a impotência. Nele reina um pouco de segurança e muita insegurança, que se sucedem alternadamente. A característica deste mundo é o tempo. Entretanto, existe outra realidade, oculta para nós, a realidade do mundo interior. Nós a presssentimos, nós a buscamos e às vezes pensamos entrevê-la. É o mundo interior, que existe em segredo, pelo qual buscamos.

Outros valores

Os buscadores reúnem-se na Escola Espiritual da Rosacruz Áurea e interessam-se pelo segredo do mundo interior porque encontraram seus rastros. Eles fizeram uma descoberta importante; não há ligação entre o mundo interior e o mundo exterior. Tudo o que é reconhecido como valioso no mundo exterior prova não ter absolutamente valor no mundo interior. Podemos dizer que existe entre eles um fosso intransponível? Digamos antes que esses dois mundos são perpendiculares um ao outro. Eles se cruzam como duas correntes, uma horizontal e outra vertical, tendo, portanto, um ponto de contato. Diariamente seguimos a corrente horizontal da temporalidade, da existência separada de Deus, mas não conhecemos seu ponto de contato com a corrente vertical, o mundo interior da verdadeira vida divina. Isso é um segredo. Toda a vida contém um princípio divino, mas o mundo exterior nega-o, esmaga-o, não o vê.

O verdadeiro buscador da realidade interior e dos valores divinos acaba encontrando o ponto de contato em sua vida, o ponto central que o liga à corrente de luz vertical do mundo interior, aos valores que não são deste mundo, a Deus. Quando os tempos se completam, quando os cem anos são passados, o buscador encontra o segredo, o profundo mistério oculto no cristianismo. Seguir Jesus Cristo nada mais é do que colocar totalmente sua vida a serviço do mundo interior, com a finalidade de libertar o princípio divino em seu ser.

Cada ser humano possui um princípio, uma alma que pode entrar em ligação com o Espírito do mundo interior, desde que ela alcance seu pleno desenvolvimento, assim como a lagarta se transforma em borboleta. Cristo encontra-se na luz vertical que abre o caminho para cada homem capacitado a se manifestar num microcosmo, e cada um, homem ou mulher, realiza assim a autoiniciação dos mistérios e chega ao sacerdócio interior.

Quais são as condições de semelhante autoiniciação? A Doutrina Universal diz que o homem é uma criatura que vive em dois mundos. Ele nasce da matéria, cresce na matéria, porém é portador de um microcosmo, manifestação que pertence ao mundo divino. O princípio divino desse microcosmo é o instrumento que permite libertar-se do mundo exterior. O sistema microcósmico possui, pois, a possibilidade de animar uma nova alma. Entretanto, Lúcifer, o portador de luz, caiu em um mundo onde reinam o bem e o mal, e o princípio original microcósmico tornou-se escravo desse antagonismo.

Ora, a Doutrina Universal nos ensina que a própria luz, como Filho do Pai, desceu no reino das trevas para procurar e reunir as centelhas de luz originais, os microcosmos. Essa corrente de luz transmite a Gnosis, o conhecimento da ciência secreta do retorno ao mundo divino. A luz do Filho se oferece para a consolação e a cura da alma que esqueceu sua origem. Os microcosmos decaídos não estão condenados eternamente. Seu retorno é aguardado.

O mundo exterior é um lugar onde se ensina a encontrar e a vivenciar o caminho que conduz ao mundo interior. Mas é preciso não considerar que Cristo se oferece para nos guiar, consolar, curar e levar à realização no plano exterior. Trata-se aqui de uma vida interior cristã, onde se segue um caminho interior, como João, como um discípulo de Cristo. Cristo não é um homem terrestre, mas uma irradiação etérica de luz proveniente do mundo interior, o reino divino, uma fonte inesgotável de amor.

O caminho quíntuplo

O buscador que percebe algo dessa força original de amor percebe no horizonte um caminho de realização quíntuplo. Pressentindo o segredo, ele concebe o intenso desejo de um aprofundar-se sempre mais forte. É preciso, em primeiro lugar, que ele adquira a compreensão da sua própria situação, a compreensão do caminho a seguir, do princípio dos dois mundos e do lugar que neles ocupam os microcosmos. Compreensão também da função do núcleo da alma e do seu comportamento como personalidade. Segue-se, em segundo lugar, que ele pode seguir esse desejo e, por meio da compreensão, procurar satisfazê-lo, ou seja, despertar a nova alma. Então, em terceiro lugar, realiza-se a renovação completa da vida, a rendição do homem exterior ao homem interior, a passagem do mundo exterior para o mundo interior por meio do que denominamos a "endura", segundo um termo cátaro.

A endura representa o enfraquecimento indispensável do homem exterior e o crescimento do homem-alma interior. Trata-se da abnegação, da completa autorrendição da personalidade. Entre a alma microcósmica e a luz do amor de Deus está a personalidade. É o homem que diz "eu sou" que vive e age, o dominador do mundo exterior que embarga o mundo interior. Esse homem-eu deve render-se, deve entregar-se. De todas as suas fibras deve desaparecer a autoconservação para dar lugar ao éter-alma da luz. Para o homem egocêntrico do mundo exterior, é uma tarefa imensa, que não pode ser realizada se ele não a desejar verdadeiramente e não a colocar no ponto central de sua vida. Esse passo se opõe, é evidente, à sua natureza e ao seu instinto de autoconservação. E, no entanto, ele deve se libertar completamente do poder deste mundo, do bem e do mal. Todas as ligações com o mundo exterior devem ser cortadas como com uma lâmina afiada. Todos os laços, mas também todo tumulto, circunstâncias exteriores, autoridades e aparências, ambições, ligações sanguíneas, tudo isso se torna totalmente sem importância na luz da nova alma em crescimento, e em seu lugar surge um grande silêncio interior.

O silêncio

Um segredo permanece segredo quando não é expresso. O segredo do mundo interior também permanece no silêncio. O buscador que deseja aproximar-se desse silêncio estável e imperturbável que envolve o núcleo secreto deverá entrar progressivamente nele, a fim de descobrir em si mesmo a "alma do Outro". A alma só cresce no silêncio interior. Aos olhos do mundo exterior, a alma deve "dormir" cem anos antes de ser despertada pelo beijo do Espírito. Durante esse tempo não se trata de vazio ou de inatividade ou de nebulosidade, pelo contrário: o crescimento da nova alma é um processo que pode acontecer com maiores resultados no silêncio.

No mundo exterior é o barulho que reina. A civilização ocidental não conhece o silêncio exterior, pois há sempre em algum lugar barulhos de avião, de carros, de música, mesmo na noite mais profunda. Mesmo nas vastidões da natureza de cada região, onde nenhuma "civilização" penetrou, a vida exterior tem ruídos. E isso acontece também dentro do microcosmo que a personalidade carrega. São sempre o ruído, a atividade e as vibrações que predominam sobre o silêncio interior.

Os sons, com suas vibrações, diferem de pessoa para pessoa. Cada indivíduo tem uma nota fundamental, produz seu próprio som. Os impulsos astrais do mundo exterior diferem segundo os indivíduos, mas têm o mesmo desenvolvimento, ou seja, eles rompem o silêncio da alma e o negam. Um verdadeiro buscador conseguirá criar um espaço de silêncio real ao redor do núcleo-alma e impedir o acesso do eu.

O esforço pela endura deve orientar-se por um respeito absoluto desse espaço de silêncio a serviço da força divina do mundo interior. O velho homem desaparece ao mesmo tempo em que silenciam os sons, os barulhos, as vibrações do homem autoconservador. O aluno da Rosacruz

Áurea retira-se da agitação dialética, ou melhor dizendo, ele já não entoa o canto do bem e do mal deste mundo, mas ao praticar o "não fazer" ele ouve o silêncio do mundo interior.

O processo de crescimento interior no silêncio do não ser deve chegar à sua plenitude, representada pelo número cem. Após cem anos a alma se expande, rica, amadurecida, pronta para o restabelecimento da ordem original microcósmica.

As vibrações do mundo exterior, nefastas para o processo do crescimento da alma, deixam de estar ativas no ser. E para impedir toda hostilidade e incompreensão, esse processo realizou-se em segredo, assim como o mundo interior é um segredo para o mundo exterior. O aluno que alcança esse estado vive totalmente de acordo com o princípio: não eu, mas o Outro é quem fundamentalmente dirige e orienta.

O resultado final é que ele participa do mundo interior de modo consciente, que ele penetra o reino de Deus. Ele sofre uma transformação alquímica, de onde resulta uma nova consciência, que participa do mundo divino e abre-se às vibrações invioláveis da Eternidade. Nesse campo de vida divino, onde existe outra sonoridade e onde a melodia divina do silêncio eterno ressoa, o novo homem encontra seus companheiros, os homens-almas, seus irmãos e irmãs que percorreram o mesmo caminho e se encontram no mesmo estado de ser. Em todos os aspectos eles sempre usam a mesma chave vibratória, ou seja, a chave do mundo interior.

O trabalho da Fraternidade
Essas noções são extremamente importantes porque dão a quem verdadeiramente busca a ordem de Deus interior a possibilidade de libertação. No decorrer dos séculos, o segredo e a possibilidade da libertação foram sempre colocados ao alcance dos seres humanos.

Periodicamente as radiações verticais da luz se intensificam e tocam os buscadores; e as almas já libertas, que participam conscientemente da ordem divina, sustentam os impulsos de luz e tornam conhecida a possibilidade da libertação. Elas colaboram com a corrente divina que se sucede através do tempo em uma corrente de Fraternidades, guardam o segredo do mundo interior e o transmitem aos que buscam nas trevas do mundo exterior e se abrem para isso. Esse é um trabalho fraternal de colaboração para a libertação dos microcosmos. Esse trabalho durará enquanto houver almas, os filhos de Deus, aprisionadas no mundo exterior.

Assim, o homem que trabalha no mundo interior pode fazer uma ideia da corrente de Fraternidades, que liberta na luz de Cristo. A consciência comum não vê essa atividade, a qual acontece em silêncio até sua realização. A Fraternidade Universal não apresenta ao mundo exterior os mistérios iniciáticos cristãos como uma posse da qual se poderia gabar. Os servidores desse trabalho realizam-no "em segredo", ou seja, sem colocar-se em primeiro plano, sem colocar-se como ponto central, sem competição e sem luta. O trabalho da Fraternidade que se efetua por intermédio da Escola da Rosacruz Áurea é impessoal, é baseado na luz do outro mundo e nas radiações que dela provêm. Os trabalhadores são anônimos, e o trabalho nunca para. Exteriormente ele é visível apenas em parte.

Contudo, a pessoa que busca de fato os valores espirituais do mundo interior adquire, em dado momento, a compreensão e o entendimento completo; ela aprecia os valores respeitosamente e, se possível, deles participa. O impulso da luz é transmitido pela Fraternidade, auxiliada pela ordem divina, em segredo, a fim de não cair na ilusão e nas ciladas das lutas do mundo exterior, e porque se trata do próprio mistério da participação interior do mundo divino. Esses cem anos não representam cem anos do tempo exterior, mas são o símbolo cabalístico da perfeição de uma obra realizada pelos trabalhadores da Fraternidade sob a inspiração do amor divino. Em *O chamado da Fraternidade da Rosa-Cruz,* Jan van Rijckenborgh escreveu:

"Diz-se que o número cem é constituído, cabalisticamente, de doze degraus. Esses doze degraus abrem para nós inúmeras perspectivas. Eles nos relatam a saída do homem de sua miséria material, da corrupção de sua existência inferior; do homem que encontrou o elo entre o infinito e o finito, entre o invisível e o visível, entre a essência e a matéria, entre Deus e o homem."

Nessa síntese oculta-se o segredo. E ele continua oculto, pois se o ser humano, do fundo da obscuridade, tenta olhar diretamente a luz, ele fica cego. Mas o buscador que, no silêncio, encontra à fonte luminosa em seu próprio interior e se confia a ela totalmente conseguirá manter-se na luz e descobrirá o segredo.

8

A reforma geral do mundo

Todas as escolas espirituais trabalham para a renovação do homem e, por seu intermédio, para a renovação das estruturas sociais e culturais. A Fraternidade da Rosa-Cruz do século XVII descreve esse objetivo no seu segundo manifesto, *Confessio Fraternitatis R.C.*, e o define como uma "reforma geral do mundo".

Qual é a finalidade de uma escola espiritual? Essa pergunta tem o mesmo significado de: qual é a finalidade de cada existência humana e qual é a finalidade da humanidade como um todo?

A vocação do homem e da humanidade

A vocação do homem é cumprir e realizar a missão gravada em seu coração, permanecer fiel à sua origem que deriva do mundo divino. Ele deve compreender que seu estado atual o desviou totalmente da lei divina; que ele não cessa de se afastar dessa origem, seja por sucumbir no vazio dos hábitos cotidianos, seja por perder-se em inúmeros conflitos, seja por extrema confusão; que deve parar imediatamente essa descida infernal se deseja realizar seu verdadeiro destino. O homem deve, portanto, abandonar seu antigo eu para que seu verdadeiro eu possa surgir. Como cada ser humano está indissoluvelmente ligado à humanidade e cada homem é uma humanidade em miniatura, compreender sua missão implica também compreender a da humanidade e as razões de seu estado atual. Então, ele trabalhará não só em si mesmo, mas também no estado da humanidade.

Esse é o objetivo dos participantes de uma escola espiritual: tornar-se sem demora o homem verdadeiro concebido por Deus e contribuir para que a humanidade evolua no sentido divino.

É isso que a *Confessio Fraternitatis R.C.* resume no conceito reforma geral do mundo. É preciso limpar o lodo e o lixo dos séculos, no indivíduo e também na humanidade, a fim de que apareça outra vez a radiante origem e que, nessa luz, a humanidade consiga alcançar a verdadeira meta de sua vida.

Uma nova ciência

A aspiração única da comunidade dos rosa-cruzes é a transformação total do edifício das ciências e das religiões bem como a renovação de todas as estruturas sociais e políticas. E isso, é verdade, não promulgando regras exteriores, nem usando influências ou certas táticas, nem mesmo fomentando revoluções, mas estimulando tanto quanto possível o princípio interior que o ser humano possui: o princípio Cristiano Rosa-Cruz, o que implica em desfazer-se de todos os erros. A

Confessio da Fraternidade da Rosacruz[2] mostra o ponto de partida:

"E por isto que agora é necessário que abandonem todo o erro, toda a treva e toda a servidão que se apoderaram, progressivamente, das ciências, das obras e dos governos dos humanos, no curso progressivo da revolução do grande globo, de maneira que a maioria dos homens se obscureceu. [...] Não há, entretanto, outra filosofia para nós senão aquela que é a coroa de todas as faculdades, ciências e artes. No que concerne ao nosso séculos, ela compreende sobretudo a Teologia, a Medicina e, antes de tudo, a Ciência do Direito."

Isso significa que deverá aparecer uma nova ciência? A natureza já não pode ser explicada apenas pelas leis da física e da química! Devemos vê-la como um agregado interconectado de matéria sutil, isto é, espiritual e psíquica, e também de matéria (densa). Originalmente, a natureza é uma ordem com certos objetivos de desenvolvimento que Deus chamou à vida. Ora, quem perturba essa ordem, quando não considera que ela faz parte do mundo original divino, termina por aniquilá-la.

O mesmo se aplica à ordem social e política, que está focada nos interesses materiais dos indivíduos e dos grupos em vez de nos verdadeiros

[2]Rijckenborgh, J. van, *Confessio da Fraternidade da Rosacruz*. São Paulo: Lectorium Rosicrucianum, 1987.

objetivos que a humanidade deve alcançar. Isso também acontece com a Teologia, que procura principalmente envolver os homens nos dogmas cristalizados e nos rituais que perderam sua essência e ligá-los a uma autoridade fundamentada no poder e não no amor. Quanto à Medicina, ela precisa aprender a ver o homem como uma unidade composta de espírito, alma e corpo.

Uma nova religião
A nova compreensão segue lado a lado com um novo sentimento com relação a Deus, à natureza, ao próximo e à sociedade. Uma nova religião se desenvolverá livremente, em harmonia com o amor divino original. Ante a luz da verdade original será provado por que as religiões atuais malogram e o quanto elas impedem a ligação com a verdade. Em consequência, a maior parte dos sistemas políticos, econômicos e sociais da nossa época e numerosas ideologias assim como muitas empreitadas humanas estarão condenadas ao fracasso por estar em desacordo com as leis divinas.

Uma nova sociedade
A nova ciência e a nova religião, obras de homens livres e iluminados, restabelecerão, segundo a ordem original, tudo o que interessa à humanidade, e esta reconhecerá seu verdadeiro destino e se esforçará para realizá-lo.

Esse desígnio de uma reforma geral de todos os aspectos da existência humana é, evidentemente, uma ideia imensa, que poderia até parecer uma ilusão pueril tendo em vista a confusão reinante, atualmente, no mundo todo. Tal reforma ultrapassa de longe o saber e o poder humanos. Entretanto, esse objetivo baseado na evolução da humanidade não é uma ideia especulativa, mas uma verdade espiritual e uma lei inelutável, que em um dia talvez ainda extremamente distante deverão ser reconhecidas. Toda ilusão um dia cairá e se tornará impotente por não ser nutrida pela ordem eterna original.

Não é, pois, mais sensato, nessas condições, colaborar com o plano que está na base do verdadeiro desenvolvimento da vida humana, ou seja, a expansão dos dons de liberdade, verdade e bondade? E não podemos chamar de louco quem constrói sua vida baseado em convicções e atividades que, no mais profundo de seu ser, sente não terem valor verdadeiro? Não deveria ele trabalhar o máximo para descobrir a ordem do verdadeiro mundo, a fim de realizá-la e criar valores imortais?

9

O caminho da Fraternidade da Rosa-Cruz

O desenvolvimento do novo homem é um caminho espiritual que comporta dois aspectos: de um lado a expansão do novo homem com base na semente divina latente no coração; de outro, a demolição do antigo ser centralizado no eu, com o auxílio das forças espirituais que aos poucos se tornam conscientes. Esse é o caminho descrito alegoricamente no terceiro manifesto dos rosa-cruzes, *As núpcias alquímicas de Christian Rosenkreuz.*[3]

Essas núpcias colocam em cena a união do noivo e da noiva, imagem da fusão da nova alma com o Espírito. O objetivo do candidato aos mistérios é purificar seu "eu", o "chumbo" da natureza, elevando sua alma através de numerosas provas, até o momento em que poderá operar-se a fusão com o "ouro" do Espírito. Johann Valentin Andreæ relata em *As núpcias alquímicas de Christian Rosenkreuz,* como, em sete dias, em sete estágios, o candidato se aproxima da meta, a união com

[3]Rijckenborgh, J. van, *As núpcias alquímicas de Christian Rosenkreuz.* São Paulo: Lectorium Rosicrucianum, 1993 e 1996, vols. 1 e 2.

o Espírito. Além disso, forças e estados da alma são personificados. A quem consegue olhar por detrás do véu da alegoria serão reveladas todas as etapas que o aluno percorre no caminho dos mistérios.

O toque pela luz

O primeiro dia descreve a fase na qual o aluno é tocado pela luz do Espírito. Muitos conhecem o seguinte estado na própria vida: tudo que fora aceito até o momento de repente se torna duvidoso, a vida em sua forma atual parece injusta. Todas as outras formas imagináveis também parecem sem sentido, pois indubitavelmente terminam com a morte. Desenvolve-se um sentimento de aprisionamento, um impulso de libertar-se para vivenciar o infinito. Inquietude, impaciência e desejo impulsionam à pesquisa, que pode tomar as formas mais extraordinárias e levar a experimentos também extraordinários.

O homem se pergunta: onde encontro o caminho certo e seguro para a eternidade? Confuso pela grande oferta no terreno esotérico e religioso, ele não deseja errar, pois objetiva conseguir um resultado melhor que outros que falharam. Tudo isso são atividades às quais o homem reage desajeitadamente quando tocado pela luz do Espírito.

O sonho de Cristiano Rosa-Cruz

As núpcias alquímicas de Christian Rosenkreuz descrevem esse toque: numa tarde, na véspera da

Páscoa, Cristiano Rosa-Cruz recebe uma carta-convite para as núpcias alquímicas do Rei e da Rainha. Essa carta, símbolo do primeiro toque pelas forças da Gnosis, toca-o no mais íntimo de seu ser, e na noite seguinte ele tem um sonho no qual vê os vãos esforços dos seres humanos para alcançar a luz.

Ele encontra-se com muitos outros no fundo de uma cavidade escura, de uma torre ou de um poço, onde reinam profundas trevas. De repente a tampa dessa torre se abre, e um raio de luz penetra as trevas: enfim uma perspectiva de libertação nessa triste situação! Muito excitados, os prisioneiros começam a se empurrar e tentam subir uns sobre os outros para se alçar até a luz. Então, os salvadores fazem descer uma corda para içar os infelizes. Mas estes lutam tão violentamente que se torna impossível salvarem-se. Assim que alguém apanha a corda ela lhe é arrancada, ou então ele cai arrastado pelo peso dos que se agarram a ele. Por fim, Cristiano Rosa-Cruz consegue subir e, imediatamente, auxilia a puxar a corda na qual estão suspensos outros prisioneiros.

Não é difícil ver nesse sonho a condição dos buscadores de hoje. Tocados pela luz, eles querem, apesar dos concorrentes e dos obstáculos, utilizando toda energia e toda perseverança, encontrar o sentido da vida, sair do poço sombrio da existência terrestre e alcançar o domínio divino. É com semelhantes homens que uma escola espiritual inicia seu trabalho. O toque pelo Espírito e a inquietude existencial são os requisitos do caminho, pois apenas curiosidade e informação sem compromisso não levam a resultado algum. Cristiano Rosa-Cruz, o protótipo do aluno, não influencia o toque da luz do Espírito. Ele pode acontecer ou não. O homem não pode invocá-lo. O Espírito sopra onde quer. Entretanto, quando isso acontece e a inquietude é sentida, é possível aprender a reagir da maneira correta. O aluno aprende a dar o primeiro passo no caminho: não faz sentido tentar avançar com violência, como os homens no sonho de Cristiano Rosa-Cruz. Ao contrário: cada esforço impede que as forças da luz atuem corretamente. É necessário tornar-se silencioso e abrir o coração.

Resposta à luz

Em seguida vem a segunda fase do processo de libertação. O aluno precisa encontrar a maneira correta de reagir à luz. Ele entrou em contato com as forças de luz de uma escola espiritual. Percebe, então, as diversas possibilidades de reação, e as vivencia.

O homem ocidental quer sempre estar ativo. Ele começa a meditar, faz exercícios de concentração, eventualmente usa estimulantes etc. Mas um dia percebe que todas essas medidas árduas e específicas deixam-no finalmente insatisfeito, e talvez até tenham-no levado a fazer experiências incomuns. Porque cada ação forçada separa novamente o homem da luz, pois esta não pode ser forçada. O aluno progride se reflete sempre sobre o desejo que provém do mais profundo de seu coração. O desejo por verdade, por libertação, é a bússola que lhe indica o caminho a seguir para se aproximar cada vez mais das forças de luz, sem a intervenção de seu eu.

Cristiano Rosa-Cruz na encruzilhada dos quatro caminhos

Em *As núpcias alquímicas* a situação do aluno na segunda etapa do caminho é descrita de modo expressivo. Cristiano Rosa-Cruz vê quatro caminhos. Ele sabe que apenas um é correto para ele. Todos os outros apresentam grandes perigos. Porém, qual é o correto?

Cristiano Rosa-Cruz está indeciso e começa por comer o pão que trouxera consigo. Uma pomba o vê e voa até ele para bicar o pão. Um corvo negro arremete sobre a pomba para roubar-lhe o pão. A pomba foge e o corvo a persegue. Mas Cristiano Rosa-Cruz afugenta o corvo e salva a pomba. E nesse momento ele vê que, sem perceber, tomou um caminho do qual não pode voltar porque um vento impetuoso o impede!

Qual o significado desse fato? Cristiano Rosa-Cruz alimenta a pomba, que representa o novo estado de alma em desenvolvimento; ele sacia sua necessidade de verdade. Ele orienta todo o seu anseio para a nova alma e adequa sua vida para que ela possa desenvolver-se. Mas nesse momento sobrevém o corvo negro, as forças da antiga vida que afloram no aluno e querem destruir o novo e atrair sobre si a atenção e a energia do aluno, que afugenta essas forças, o corvo negro. Nessa segunda fase do caminho, o aluno dispõe, portanto, de uma bússola que não o desaponta, apesar de ele ainda não estar consciente do que seja de fato a verdadeira meta. Enquanto mantém sua atenção voltada para a luz da verdade da qual intui algo, ele consegue abandonar as tentações e conflitos do cotidiano e, com compreensão, encontrá-la. Porém, se deixar-se atrair para os conflitos e erros da vida, se deixar-se atrair novamente por seu antigo estado, então apenas acumulará mais experiências do que antes — e será repelido por um vento forte!

A prova por meio da luz

No fim do segundo dia Cristiano Rosa-cruz chega ao castelo onde acontecerão as núpcias alquímicas; isso significa que ele se liga à nova vida.

No terceiro dia, porém, é preciso que demonstre se é verdadeiramente digno de tal ligação, se, por um firme desejo, deixou que se desenvolvesse em si mesmo um estado de ser de acordo com o novo campo de vida e se rejeitou inteiramente conflitos, obsessões e expectativas do velho campo de vida. Cristiano Rosa-Cruz deve passar pela prova do julgamento junto com todos os que penetraram ao mesmo tempo que ele no castelo.

Podemos considerar a ligação do ser humano à natureza mortal como sétupla. Com seu intelecto ele imagina o futuro e toma isso como lei. Com seu coração ele se liga ao que lhe parece bom e definitivamente rejeita o que lhe parece mau. Com sua vontade, tenta realizar seus ideais e impô-los ao mundo.

Além desses três poderes originários do instinto de conservação – idealismo, moral e vontade –, ele dispõe de quatro instrumentos. O homem deixa o pensamento se desenvolver e com ele elabora planos e métodos. Instintivamente executa esses planos com medo e esperança. Sua força vital está submetida ao ritmo do subir e descer, do desabrochar e murchar, e seu corpo, como órgão da percepção e da ação, liga-o diretamente ao mundo dos fenômenos sensoriais.

Os sete aspectos da ligação do homem ao mundo mortal opõem-se aos sete aspectos do novo estado de alma, livre dessas ligações. O aluno na terceira fase do caminho de libertação está em concordância com as leis do mundo original. Ele se ligou com as forças do mundo original e permite que elas se tornem operantes mediante uma nova vontade. Ele mudou sua personalide de tal modo que seus pensamentos, sentimentos, energia e atos podem ser inteiramente postos a serviço dessas novas leis e forças.

No templo do julgamento, Cristiano Rosa-Cruz é colocado numa balança e deve mostrar se é capaz de resistir aos sete pesos, um após o outro. Essa imagem significa que o aluno deve mostrar, dessa etapa do caminho em diante, se pelo menos as sete ligações com a velha vida foram rompidas e se ele é capaz de aceitar as sete novas tarefas no novo campo de vida.

As núpcias alquímicas

As fases seguintes do caminho para as núpcias alquímicas só serão aqui brevemente indicadas. No quarto dia ocorre a libertação final de todos os aspectos de autoconservação no aluno, e como resultado uma nova vida mediante a força do Espírito torna-se possível. No quinto dia o aluno reconhece conscientemente a organização original, a ordem do reino imutável: o amor.

Cristiano Rosa-Cruz, o protótipo do aluno, entra na torre do Olimpo e no primeiro pavimento. No sexto dia ele entra no segundo pavimento da torre onde faz as últimas preparações para as núpcias alquímicas. E no sétimo dia as núpcias são realizadas. O Espírito liga-se à nova alma, a nova consciência do aluno, que agora se torna em um mestre.

O processo alquímico, que consiste na dissolução da antiga consciência e na construção da nova consciência, está então terminado. Pode-se ler amplamente sobre isso no livro *As núpcias alquímicas de Christian Rosenkreuz.*[3]

A Escola Espiritual da Rosacruz Áurea

Assim como a comunidade dos rosa-cruzes clássicos do século XVII, o Lectorium Rosicrucianum, a Escola Espiritual da Rosacruz moderna, é uma das concepções do grande impulso lançado pela Fraternidade da Vida visando à regeneração da humanidade. Esse impulso é denominado Cristiano Rosa-Cruz. O trabalho da Escola Espiritual da Rosacruz Áurea é fundamentado na força de Cristo e está voltado para a consciência do homem atual individualizado responsável por si mesmo. Os portadores desse impulso foram Jan Leene (nome espiritual: Jan van Rijckenborgh), seu irmão Z. W. Leene e a sra. H. Stok-Huyser (nome espiritual: Catharose de Petri). A esse respeito, ver também o capítulo 16. A força liberada por suas experiências permitiu aos que se reuniram ao seu redor também percorrer o caminho, com base na centelha-do-espírito.

Em consequência, surgiu um campo de força de cima para baixo e, pela resposta de muitos alunos buscadores, um campo de força de baixo para cima, uma comunidade de alunos na qual, como num campo morfogenético,[4] todas as forças das fraternidades passadas estão ativas, todas as propriedades do novo homem liberto estão presentes e todas as forças estão dispostas para que os alunos em diferentes fases de desenvolvimento espiritual possam seguir adiante.

---

[4]Nome dado a um campo hipotético, proposto por Rupert Sheldrake, que explica a emergência simultânea da mesmas funções adaptativas em populações biológicas não contíguas, que nada mais é do que o corpo etérico, que antecede e molda o corpo físico, dando-lhe vida.

II

A Fraternidade da Rosa-Cruz moderna

10

O MISTÉRIO TRÍPLICE DO CAMPO DE FORÇA

O campo de força da Escola Espiritual da Rosacruz Áurea não pode ser explicado pela natureza terrena. Ele contém a base e os princípios com os quais a Escola Espiritual da Rosacruz trabalha.

A estrutura dessa esfera eletromagnética pode ser descrita por meio de números e figuras geométricas. O centro, o um, é o campo espiritual do qual essa comunidade se desenvolve. O triângulo, o três, indica os três aspectos da atividade divina, com cuja ajuda pode-se percorrer o caminho de retorno. O quadrado, o quatro, representa a personalidade humana quádrupla, assim como os quatro éteres santos mediante os quais a transfiguração do homem, a construção de uma nova personalidade, torna-se possível.

O campo de força sétuplo da Escola Espiritual da Rosacruz Áurea está ligado aos sete raios fundamentais da divindade original e pode ser indicado como um campo de luz sétuplo. As crônicas das antigas Fraternidades descrevem esse campo de força como um campo de irradiação que tudo engloba e tudo penetra, como um céu-terra divino. A sabedoria hermética diz: *Deus é uma esfera infinita cujo centro está em toda parte e o limite em nenhum lugar.* Esse campo de vida tem um núcleo cristocêntrico, um centro divino, do qual e como resultado do qual emanam os sete raios da vida incorruptível.

A palavra bíblica "Do Egito chamei meu filho" forma, nesse sentido, um chamado para que o aluno entre nesse campo de força e de luz, que se revela como o caminho clássico da iniciação.

Cada buscador é, dessa forma, chamado do Egito, da grande profundeza, da densa treva da existência dialética, para retornar para a única luz.

O faraó Akhenaton, um dos grandes sacerdotes-reis do Egito antigo, fez do princípio solar o centro de sua vida. Ele descreveu seus pensamentos num hino magnífico:

Que suavidade é a tua quando apareces,
ó Sol vivo, sobre a montanha de luz do céu,
tu que radias da montanha de luz no leste
e preenches as regiões da terra com tua beleza.
Teus raios abraçam todos os lugares
e estendem-se aos confins de tua inteira criação.
Tu estás tão longe e entretanto
estás presente sobre a terra com teus raios.
Nós te contemplamos,
entretanto ninguém pode ver
o caminho que percorres.

Quando desces da montanha de luz, no ocidente,
o mundo fica em trevas, como morto.
Os homens erguem os braços em adoração
quando tu apareces.
Teus raios alimentam tudo que é plantado;
brilhas e, diante de ti, tudo vive e cresce.
O mundo repousa em tuas mãos,
tal como o criaste;
na tua claridade os homens vivem;
quando te encobres, eles morrem.
A vida está no tempo e o tempo está em ti,
em ti nós existimos e vivemos.

Os hierofantes clássicos comparam esse campo ígneo, cantado por Akhenaton, com a força solar. Ele é simbolizado por um círculo marcado com um ponto central, o princípio nuclear, um campo de gênese que se manifesta. Esse campo não se limita a si mesmo, ele é criador. Por isso, do ponto surge a reta, e da reta surgem todas as figuras matemáticas, como por exemplo o círculo, o triângulo e o quadrado. Do centro surge o primeiro número — o *um* — e daí seguem-se os outros números, até o *nove,* inclusive. Essa sequência é concluída com um *zero* e seguida pelo *um* de um novo começo.

O cubo no interior do círculo

O círculo é um espaço fechado no interior do qual um processo de diferentes aspectos se desenvolve: mudança, divisão, multiplicação. Por isso os filósofos clássicos simbolizaram o processo de vida no interior do círculo na forma de um cubo. Esse conteúdo, que pode ser desepertado, é um campo de vida, um campo de força com um princípio ígneo que chamamos "vida". Essa vida não é ela mesma se não houver possibilidade de revelação, regeneração e realização. Os clássicos indicavam esse processo com o triângulo ou a pirâmide.

Por meio dos símbolos clássicos do círculo, do triângulo e do quadrado, a Escola Espiritual da Rosacruz Áurea apresenta aos seus alunos os três aspectos de seu desenvolvimento, três aspectos que formam uma unidade perfeita no seu campo de força. Círculo, quadrado e triângulo são, dessa forma, a imagem completa do campo de força com o princípio central mediante o qual o plano de revelação se desenvolve. O quadrado da construção é realizado e daí surge o triângulo ígneo do novo campo de vida. O símbolo do campo de força testifica da força divina que desce na dialética terrena sob a forma de um campo cósmico sétuplo. É assim que a luz arrebata a natureza decaída e corrompida: a influência do Zodíaco é quebrada e um novo firmamento magnético, um "novo céu e uma nova terra" se apresentam. Os rosa-cruzes do século XVII diziam que essa esfera de luz divina se manifestava a cada setecentos anos para guiar os buscadores espirituais no caminho de retorno ao reino original.

"Deus já enviou mensageiros da sua vontade, estrelas aparecidas no Serpentário e no Cisne, os grandes signos do seu poderoso Conselho, a fim de nos ensinar que, se tudo que o gênio humano descobriu fosse reunido, Ele o faria servir a sua disposição oculta. O Livro da Natureza é, por conseguinte, desvendado a todos os olhos, mas bem raros são aqueles que o podem ler, e mais raros ainda aqueles que o podem compreender. [...] Depois que o mundo houver despertado do seu sono de embriaguez, bebido na taça envenenada, o homem irá ao encontro do sol nascente, ao raiar do dia, com o coração aberto, a cabeça descoberta e os pés nus, jubiloso e transbordante de alegria."[5]

Essa profecia refere-se à obra gnóstica mundial da própria Escola Espiritual agora manifestada, que coloca a humanidade diante da necessidade de um tríplice renascimento fundamental. Para realizar esse processo, que repousa sobre cinco atividades da Gnosis, é preciso decidir libertar-se do espaço e do tempo, do nascimento e da morte. Esse é um processo baseado nas cinco atividades da Gnosis, que são hoje mais fortemente perceptíveis que nunca.

Primeiro é necessário o discernimento libertador. Sobre essa base surge o desejo de salvação, o anseio pelo estado de vida original, seguido pelo abandono dos valores até então estipulados pela vida: a autorrendição. Mediante essa despedida do antigo eu surge uma nova atitude de vida pela

[5]Rijckenborgh, J. van, *Confessio da Fraternitade da Rosacruz*. São Paulo: Lectorium Rosicrucianum, 1987.

qual o candidato é interiormente preparado para o novo nascimento. Então, o desaparecimento do antigo eu ocasiona um novo comportamento, que transforma interiormente o candidato e o prepara para o renascimento.

Uma existência ideal?

As circunstâncias de vida de muitos não são ideais para esse processo. Por isso, surge a questão: quem já se ocupa em preparar o quadrado de construção, quem já está no novo processo de renovação, quem já realizou a renovação de seus veículos material, etérico, astral e mental? Quem já colocou seus pensamentos, vontade, sentimentos e ações completamente nessa nova prática de vida? Quem pode dizer que possui uma parte do *Trigonum Igneum,* o fogo sobre o qual fala a *Fama Fraternitatis?* Quem já é nascido de Deus, morto em Jesus e renascido pelo Espírito Santo? Cada um deverá ser capaz de saber e avaliar em que ponto se encontra.

No final do século XVI, Tobias Hess observou um novo fogo no céu e o denominou precursor do grande fogo cósmico que está em atividade neste início da Era de Aquário. O fogo do *Trigonum Igneum* – assim designado pelos rosa-cruzes clássicos – é o fogo dos três planetas dos mistérios: Urano, Netuno e Plutão. Ele abarca nosso cosmo, o mundo e a humanidade para operar a tão necessária renovação interior. Os rosa-cruzes clássicos falam de sete dias da Criação, de sete períodos nos quais o *Trigonum Igneum* aparece.

Trata-se da manifestação da Fraternidade Universal da Luz, que desce nas trevas para libertar as almas acorrentadas. O corpo-vivo da Escola Espiritual foi construído com essa finalidade. Esse corpo é verdadeiramente imortal, pois sua ligação com a natureza da morte, o tempo e o espaço, foi removida. Ele é uma arca que arrebanha as almas dos homens habitantes da fronteira e os liberta.

A Escola Espiritual da Rosacruz Áurea é uma manifestação desse fogo. Ela edificou um "corpo-vivo", princípio imortal ligado ao fogo espiritual que penetra os domínios do espaço e do tempo e, tal como uma ponte, leva os buscadores à libertação, dando-lhes a possibilidade de recuperar o estado divino original.

O homem e a natureza da morte

Quanto mais tempo o ser humano permanecer em harmonia com a natureza, tanto mais ele continuará sendo prisioneiro do círculo fechado da vida e da morte. O que lhe falta é o triângulo de fogo do poder libertador. É preciso reacendê-lo. Esse é o renascimento mencionado em todos os textos sagrados, que é possível definir como um caminho de desenvolvimento da consciência, no decorrer do qual os limites da antiga personalidade são ultrapassados graças à entrada em um novo campo de vida.

Quanto a esse poderoso campo de desmascaramento e libertação, o homem, enquanto *minutus mundus,* enquanto microcosmo, é um pequeno mundo que interage com a natureza da morte. Esse pequeno mundo é uma prisão. Uma prisão para a alma, na qual "vida" e "morte" dominam, pois o triângulo ígneo de libertação não pode irromper. Por isso o pequeno mundo torna-se ineficaz, e como resultado ele também está sujeito à "vida" e à "morte". O fogo divino se retirou para um princípio nuclear e aguarda pelo dia do novo nascimento.

Esse processo é descrito em todos os livros santos. É um caminho de realização que conduz ao rompimento das limitações da antiga personalidade e à entrada no novo campo de vida. É um processo que pode ser representado pelo símbolo do Templo de Haarlem. Por ocasião da inauguração desse templo, em 20 de dezembro de 1957, Jan van Rijckenborgh disse o seguinte:

"Este é o símbolo dos sete vezes sete raios do Espírito Santo Sétuplo que trabalham desde sempre em todos os domínios do nosso cosmo. Graças à força da Doutrina Universal, que confere ao Lectorium Rosicrucianum seu direito e seu poder, esse sétuplo campo de irradiação se manifesta em seus templos.

Isso significa que os sete raios do amor divino neles agem sobre as almas de todos os que a eles estão abertos. A estrela de cinco pontas, no meio do símbolo, representa a estrela de Belém, símbolo sagrado do nascimento de Jesus no buscador que, tocado pelo princípio do renascimento, pôs-se em marcha no caminho estreito da regeneração. Esse caminho ensina o mistério de Jesus Cristo e nele faz penetrar todos os que estão aptos e decididos a retornar à casa do Pai, aceitando todas as consequências que isso implica. Por isso, filosofia e realização mediante atos é a característica do Lectorium Rosicrucianum."

O novo céu-terra

Consideremos nossa situação: somos prisioneiros de um universo fechado, envoltos num firmamento microcósmico, aprisionados pelos sentidos e por forças e interesses nos quais todo o passado está ancorado. Nossa personalidade terrestre é o ocupante desse sistema e se manifesta como uma projeção do firmamento microcósmico e macrocósmico. Nesse velho céu a força da Gnosis deve agora surgir como a estrela do renascimento, a mensageira do novo céu-terra. A consequência dessa anunciação é uma nova terra. O novo homem surge com o espírito, a alma e o corpo em perfeita harmonia.

Quando os irmãos da Rosa-Cruz do século XVII se dirigem para o Templo da Iniciação de Cristiano Rosa-Cruz, eles mostram que se encontram no limiar de uma mudança fundamental de todo o seu ser. Em nossos dias, o ser humano que segue conscientemente o caminho de retorno e se esforça para que a alma imortal nasça em si coloca-se — como eles — no limiar do templo-sepulcro de Cristiano Rosa-Cruz.

A *Fama Fraternitatis* relata:

"Pela manhã, abrimos a porta, e surgiu uma cripta de sete lados e ângulos, sendo que cada lado media cinco pés de largura por oito de altura. Esse hipogeu, mesmo não tendo sido jamais iluminado pelo Sol, estava claramente iluminado graças a um outro sol [...] que se encontrava no alto, no centro da abóbada. No centro, como lápide, havia um altar circular coberto por uma plaqueta de latão, que trazia a seguinte inscrição:

A.C.R.C. Deste compêndio do Universo fiz para mim, em vida, um sepulcro.

O primeiro círculo ou anel estava rodeado das palavras: *Jesu mihi omnia* (Jesus é tudo para mim). No meio encontravam-se quatro figuras nos círculos, onde estava escrito:

1. *Não há espaço vazio.*
2. *O jugo da lei.*
3. *A liberdade do Evangelho.*
4. *A glória de Deus é intangível.*"

A vida terrena deve dizer adeus à matéria

Essa santa mensagem atesta a descoberta da força de Mercúrio do *Trigonum Igneum*. É o fogo-raiz da Corrente Universal de Fraternidades na qual está a antiga sabedoria do caminho de libertação: a demolição do antigo templo e a construção e edificação do novo templo em três dias. Esse mistério mostra que a vida terrena deve dar adeus à velha vida para romper o ciclo dos renascimentos. Por isso a *Fama Fraternitatis* fala sobre a semente que foi plantada no coração de Jesus. O caminho que leva à nova vida apenas pode ser percorrido num puro seguir a Cristo. Todo o antigo deve se aniquilar, perder-se em Cristo, todas as forças e normas da vida terrena devem submergir nele para que a nova vida possa se realizar sobre uma base totalmente diferente.

Não há espaço vazio! Isso quer dizer que cada nascimento microcósmico, cósmico ou macrocósmico é determinado de antemão e se realiza na força do fogo-raiz, o *Trigonum Igneum.* Assim que essa força — o elemento que falta — é adicionada ao velho círculo e ao velho quadrado, uma nova compreensão surge, uma nova lógica. É o *jugo da lei,* completa e voluntariamente aceito em autooferenda. É a lei da absoluta imitação na força do Espírito, que tudo preenche e tudo envolve. Quem está consciente desse jugo entra na Corrente Universal da Fraternidade da Luz, na qual encontra a *liberdade do Evangelho,* a liberdade da plenitude do Verbo de Deus, que agora se torna em revelação. Assim, o Verbo se realiza como afirmação de uma nova criação, de um novo nascimento. O Evangelho vivo é uma força libertadora que não está ligada a critérios humanos e dogmas, mas à liberdade eterna de Deus no coração do homem liberto. Sobre essa base o peregrino encontra-se diante de *a glória de Deus é intangível.* Admitido na Corrente de Fraternidades, ele profere a palavra divina para libertar as almas do cárcere das malhas e da limitação da matéria. A entrada na câmara sepulcral de Cristiano Rosa-Cruz, no momento em que a humanidade vai transpor a fronteira do terceiro milênio, é de importância capital, porque no templo-sepulcro se encontra o protótipo do novo homem, o verdadeiro seguidor de Cristo. Esse novo homem está prestes a receber a força do Espírito Santo e com ela trabalhar de maneira correta. Aquário, o portador da água, carrega o cântaro da água viva e a derrama sobre a humanidade prisioneira; e quem, com o coração e as mãos abertos, recebe essa força, descobre a bênção: a transformação, a renovação e a transfiguração de todo o organismo decaído. Do Egito chamei meu filho!

Quem segue esse processo de regeneração forma, com os companheiros que caminham com ele, um novo cosmo, um novo elo da Corrente Universal de Fraternidades. Ele é admitido na Fraternidade da Luz e realiza o mistério do selo constituído pelo círculo, pelo triângulo e pelo quadrado, segundo a lei de Deus.

II

Nascimento e desenvolvimento da Escola Espiritual da Rosacruz Áurea

Em cada período, toda a escola espiritual autêntica representa um impulso da Fraternidade da Vida e provém, portanto, diretamente das forças da supranatureza. Esse novo impulso se apóia no impulso das escolas espirituais precedentes, com as quais a nova escola procura religar-se. Embora emane essencialmente da irradiação direta da luz da supranatureza, ela também está ligada ao mundo terrestre sempre em mudança, onde se encontram vestígios das escolas espirituais anteriores sob a forma de escritos e símbolos. Além disso, esses impulsos anteriores consitutem uma preparação para o seu aparecimento. Esse fato é comprovado, por exemplo, em relação a Jesus, que esteve em ligação com a comunidade dos essênios antes de começar sua missão.

Os fundadores do Lectorium Rosicrucianum foram Jan Leene, cujo nome espiritual é Jan van Rijckenborgh (1896–1968), e seu irmão Z.W. Leene (1892–1938). Provenientes de uma família holandesa protestante, os dois irmãos foram buscadores desde a infância. Neles a irradiação da centelha-do-espírito queria desenvolver-se, mas ainda não encontrava a possibilidade, sendo que o cristianismo comum tal como o ensinavam as igrejas não lhes era suficiente.

Max Heindel

Na obra de Max Heindel e de sua comunidade, *The Rosicrucian Fellowship,* eles encontraram a primeira resposta para sua procura da verdade. Em *O conceito rosacruz do cosmos,* descobriram uma interpretação espiritual do mundo que descrevia o caminho seguido pela humanidade: sua involução no mundo material, mas também sua possibilidade de evolução com o auxílio da Fraternidade, o que significa desviar-se da vida confinada na prisão deste mundo para penetrar no mundo divino. Jan Leene foi durante alguns anos o responsável por *The Rosicrucian Fellowship* de Haarlem. Seu desejo de ligação com a supranatureza encontrou aí um alimento e suas disposições espirituais puderam desenvolver-se naquele momento. Ao mesmo tempo ele estudava em profundidade a Teosofia, principalmente as obras de H. P. Blavatsky.

A missão pessoal

O momento chegou, entretanto, quando os irmãos Leene se tornaram conscientes de sua missão pessoal. Eles compreenderam que não era uma simples mudança da personalidade nascida da natureza que levaria à compreensão do verdadeiro sentido da vida e libertaria do carma pessoal e coletivo, mas uma mudança total de orientação.

Ora, foi João Batista quem pregou tal reviravolta, e Jesus quem indicou o processo da transfiguração. A antiga personalidade nascida da natureza deve aniquilar-se em Jesus a fim de que possa sugir uma nova personalidade nascida do Espírito. Assim, os irmãos Leene consideraram o princípio fundamental de uma Escola Espiritual transfigurística, e os dois o realizaram, com um grupo de buscadores.

Eles começaram a formação desse grupo em 24 de agosto de 1924, quando se reuniram pela primeira vez em Haarlem com pessoas da mesma orientação, sob o signo do transfigurismo. Essa data é considerada como a criação da Escola Espiritual moderna. Jan Leene – Jan van Rijckenborgh – trabalhou ainda até 1934 em *The Rosicrucian Fellowship,* após o que instituiu sua própria organização. Em 1932, a senhora H. Stok-Huyser (1902–1990) – Catharose de Petri – assumiu a direção espiritual do Lectorium Rosicrucianum ao lado deles.

Os cátaros

O Lectorium Rosicrucianum, jovem movimento que crescia aos poucos de forma independente, sustentado pela luz da supranatureza e chamado para a transfiguração, procurou também apoio no passado espiritual da humanidade.

Jan Leene estudava intensamente os escritos da Rosa-Cruz do século XVII. Então, algum tempo depois da Segunda Guerra Mundial, houve um acontecimento decisivo: o encontro de Catharose de Petri e Jan van Rijckenborgh com o último representante dos cátaros no sul da França. Os cátaros conheciam a condição determinante do transfigurismo: a *endura*.

A endura é o "aniquilamento" consciente da antiga personalidade terrestre na força de Cristo, processo pelo qual o verdadeiro eu, a nova personalidade nascida de Deus, pode aparecer. A endura é a "morte" do filósofo Platão, a renúncia consciente a todo desejo de poder, ao desejo de afirmar-se e ao prazer. É a morte do grão de trigo da parábola de Jesus: "se o grão de trigo, caindo na terra, não morrer, fica ele só; mas se morrer, dá muito fruto" (Jo 12:24).

Várias viagens ao Languedoc, no sul da França, reforçaram os laços do Lectorium Rosicrucianum com a tradição cátara e Antonin Gadal, seu último patriarca. Desde então, os alunos do Lectorium Rosicrucianum reúnem-se regularmente em Ussat-les-Bains para vivenciar a ligação com as forças da antiga Fraternidade dos Cátaros.

O desenvolvimento internacional após a Segunda Guerra Mundial

Paralelamente a esse contato com a Fraternidade dos Cátaros, o Lectorium Rosicrucianum alcançou uma grande expansão após a guerra, pelo fato de a força espiritual da Fraternidade agir sempre mais no jovem grupo e se traduzir exteriormente pela organização da Escola Espiritual.

Esse desenvolvimento começou com a publicação, em 1946, de *Dei Gloria Intacta,* trabalho que Jan van Rijckenborgh escreveu durante a guerra, época na qual a Escola Espiritual trabalhava clandestinamente sob a ocupação alemã, quando o Lectorium Rosicrucianum havia sido interditado.

Dei Gloria Intacta colocou os fundamentos do ensinamento da Rosa-Cruz moderna, e nos anos seguintes apareceu uma série de livros escritos por Jan van Rijckenborgh e Catharose de Petri, os dois grão-mestres da Escola Espiritual.

Essas obras expõem a doutrina do transfigurismo de forma clara, baseando-se na Bíblia, portanto nos autênticos mistérios cristãos, e trazem à luz, mais claro que nunca, a Doutrina Universal, bem como a sabedoria do *Corpus Hermeticum,* de Hermes Trismegistos, o *Tao Te King,* de Lao Tsé, a pura Gnosis chinesa, sem esquecer naturalmente os escritos dos rosa-cruzes do século XVII: *Fama Fraternitatis R.C., Confessio Fraternitatis R.C.* e *As núpcias alquímicas de Christian Rosenkreuz.* Um grande tesouro de conhecimento e riquezas espirituais encontra-se nesses livros.

Ao mesmo tempo em que surgiam regularmente esses numerosos escritos, de 1946 até a década de 90, o aspecto exterior da Escola se ampliava. A colaboração única, ao nível mais elevado, de Jan van Rijckenborgh e de Catharose de Petri teve como resultado, ao lado da exposição escrita e oral da autêntica filosofia transfigurística em uma visão altamente inspirada e dinâmica, a criação de uma organização que se estendeu por numerosos países da Europa e bem mais longe. O objetivo principal de toda essa atividade era de enraizar concretamente no coração dos alunos e dos buscadores os valores superiores do tesouro espiritual que os fundadores haviam liberado, tendo em vista o desenvolvimento, em cada um, do verdadeiro homem.

Sete centros principais

A Direção Espiritual do Lectorium Rosicrucianum jamais cessou de trabalhar para a regeneração e a transformação espirituais do ser humano. Centros de renovação foram edificados a fim de que os alunos possam penetrar numa atmosfera propícia para uma tal realização. Sete Centros principais foram estabelecidos, compreendendo cada um, um Templo de Renovação como foco central.

Tudo começou em 1946, com a compra dos edifícios de Elckerlyck em Lage Vuursche, no coração dos Países Baixos. Conferências e reuniões de fim de semana aí foram organizadas sobre numerosos assuntos tirados da Doutrina Universal do transfigurismo.

Um número sempre crescente de pessoas interessadas aí afluiu, de sorte que foi preciso dobrar as possibilidades de alojamento em 1951. Ao mesmo tempo entrou em funionamento o Templo de

Renova, o primeiro grande Centro de Renovação, que reuniu centenas de alunos dos Países Baixos, da Bélgica, da Alemanha, da França, da Suíça etc. No decorrer dos anos seguintes, outros focos principais foram rapidamente edificados. Edifícios ergueram-se ao norte e ao sul da Alemanha (Calw e Bad Münder), na Suíça (Caux) e no Brasil (São Paulo), onde os alunos se reuniam regularmente para aprofundar os ensinamentos da Rosacruz Áurea baseados na Doutrina Universal. O coração dessas atividades era e é sempre o Templo da Renovação. O comportamento de muitos alunos mudava muito, e o grupo elevava-se sempre mais nas sublimes alturas da vida espiritual gnóstica.

Nesses últimos anos, o número de Centros de Conferência de Renovação aumentou com os do sul, leste e norte da França, e a Escola firmou-se em países como a Espanha, a Itália, a Polônia, a Rússia, a Checoslováquia e a Hungria, enquanto Centros surgiam nos Estados Unidos, na América do Sul, na África e na Nova Zelândia. Em numerosas cidades de todos esses países existem núcleos e Centros de Conferências onde os alunos se reúnem para participar de Conferências de Renovação. A atividade espiritual do Lectorium Rosicrucianum tornou-se, pois, internacional.

O Trabalho Público, as atividades para a Mocidade e as Escolas Jan van Rijckenborgh

Na mesma época, foi criado o Trabalho Público para informar os buscadores interessados, que, em todos os núcleos, têm a possibilidade de assistir regularmente a reuniões informativas e de encontrar, assim, o caminho do Lectorium Rosicrucianum.

O Lectorium Rosicrucianum também organiza atividades para a mocidade, trabalho muito dinâmico em todos os países. Estas atividades têm por finalidade manter aberto, tanto quanto possível, o coração das crianças em vista de um interesse e de um desenvolvimento espirituais futuros.

Sabemos que a criança é muito sensível às impressões de sua alma. Infelizmente, essa sensibilidade se perde com frequência ou é afastada para segundo plano por vida social, luta pela existência, desejo de fazer uma carreira, na maior parte do tempo instigado pelos pais, sem esquecer o sistema educativo e o ensino em geral, que dão importância principal ao "desempenho". Tudo isso ameaça sufocar rapidamente a voz interior da alma e fazer predominar a vida do eu. O Lectorium Rosicrucianum esforça-se por falar à alma do jovem e mantê-la viva.

Essa é também a intenção das Escolas Jan van Rijckenborgh, na Holanda. Pelas razões citadas, sentimos a necessidade de dar à criança uma educação específica, orientada para a preservação de sua alma. Essa educação é aplicada nas Escolas Jan van Rijckenborgh em Hilversum, Heiloo e Duiven, nos Países Baixos. Esse aspecto, que o Lectorium Rosicrucianum sustenta por todos os meios possíveis, desperta o interesse de muitos. Não é possível falar aqui sobre todos os aspectos do Lectorium Rosicrucianum. Mas o leitor terá certamente feito uma ideia do seu trabalho global que, após mais de 80 anos, se tornou um movimento que se expandiu no mundo inteiro. É preciso que ele aja em todos os planos em harmonia com a Corrente Espiritual Universal e se mantenha aberto às exigências dos novos tempos.

Aquário

Qual é o fundamento de um desenvolvimento tão dinâmico? Qual é o seu segredo? Justamente após a Segunda Guerra Mundial, os fundadores da Escola Espiritual voltaram-se para a nova era que eles sabiam que iria chegar e que na realidade já teria começado. O que seu olhar de visionários havia visto nos domínios astral e etérico do nosso cosmo estava prestes a se manifestar na matéria. Eles se apoiavam também em sua convicção, perceptível em tudo o que faziam e diziam, de que uma transformação radical da atmosfera, com referência a certa conjunção de todos os planetas do nosso sistema solar, tocaria a humanidade. Poderosas forças espirituais entrariam em ação e exerceriam grande influência sobre toda a vida da humanidade terrestre. Como? Chamando em nome de Deus, chamado que ressoa interiormente em cada ser humano. Em nossa época, o chamado de Deus soa de forma particular, exortando o conjunto dos seres humanos, quer eles o compreendam ou não, e todos devem reagir a isso.

A nova era, portadora desse chamado, recebe o nome de Aquário. Bem conhecida em nossos dias, poucos estão informados de fato sobre ela. O Lectorium Rosicrucianum muito tem falado a respeito dessa era, não no sentido de uma mudança política, econômica ou religiosa quanto a tudo o que já existe, mas no sentido de um despertar espiritual total. Trata-se de uma mudança fundamental, de uma reviravolta completa.

O Lectorium Rosicrucianum colocou-se a serviço da verdade, que suprime todo engano, ilusão e ignorância, com a condição de que o homem siga o chamado de Deus. A verdade é luz e força. A verdade é amor. Ela impregna a atmosfera, ela é universal e onipresente.

O Lectorium Rosicrucianum, com base nessa convicção, considera que sua tarefa é criar todas as condições e agarrar todas as possibilidades para oferecer esse remédio universal a todos que o desejam, que dele se aproximam e querem recebê-lo.

A verdade, que conduz o ser humano para seu verdadeiro destino, não está ligada a um dogma, a um sistema. Trata-se de um saber universal, de um saber que deve surgir no mais íntimo do ser. Para isso é necessário abandonar a antiga vida. Então os véus caem, já nenhuma mistificação é possível, e o poder de ouvir e ver diretamente se manifesta. O Lectorium Rosicrucianum esclarece de diversas formas a verdade universal, que sempre existiu e deseja continuamente tornar-se conhecida pela a humanidade. O grande número de obras editadas o testemunham. Inumeráveis são as facetas desse diamante divino denominado Gnosis.

A Gnosis de todos os tempos é a tradução da palavra divina. Quem reconhece a palavra encontrá-la-á em todos os aspectos que formam o Lectorium Rosicrucianum; saberá que está na fonte; e não quererá nem poderá fazer outra coisa senão haurir dessa fonte, não apenas para si, mas também para todos os que a procuram e a ela aspiram. Ele conduzirá a ela todos os seres humanos que encontrar em seu caminho.

Servidores da luz

Os servidores da luz trabalham em diferentes níveis na humanidade. Eles se achegam aos homens como enviados da verdade. Alguns têm a missão de edificar um corpo-vivo, um cosmo envolto de um campo astral novo. Esse cosmo comporta focos cuja função é agir como transformadores das condições atmosféricas novas, com a finalidade de ensinar, a todos os que o desejam, a respirar na pura atmosfera espiritual proveniente do mundo superior da alma-espírito.

Eis o que se passou: os focos foram edificados, um cosmo foi formado, foi constituído um corpo-vivo dotado de um campo eletromagnético com propriedades astrais e etéricas particulares. Então, muitos buscadores reuniram-se ao redor dos pioneiros. Eles descobriram a verdadeira finalidade de sua vida; e esforçaram-se para observar um comportamento que correspondesse à sua nova orientação, a fim de responder às condições de vida impostas no presente pelo Logos solar, tarefa árdua, incessante e profundamente espiritual.

A Direção Espiritual Internacional

Uma Direção Espiritual Internacional com doze membros foi constituída para dirigir o trabalho geral no plano internacional, sendo que três desses membros são brasileiros.

Os dois grão-mestres da Escola Espiritual, Jan van Rijckenborgh e Catharose de Petri, revelaram o ensinamento da transfiguração, fundamentado na Gnosis cristã original assim como na Doutrina Universal de todos os tempos. Essa colaboração única, que durou quase quarenta anos, deu o impulso para um grande movimento espiritual no qual vibra uma nova força.

A Direção Espiritual Internacional, com responsabilidade plena tanto pela parte organizacional quanto pelo tesouro espiritual depositado em suas mãos, propaga esse ensinamento, tal como ele foi divulgado em sua forma pura, sem que nada de sua essência seja alterado. Ela conservará, protegerá, manterá vivo e, na medida do possível, expandirá esse ensinamento pelo mundo inteiro.

A Direção Espiritual Internacional deve não apenas continuar a obra dos dois fundadores, mas conservar a Escola Espiritual como portadora de um corpo-vivo a serviço de todos os seus alunos e de todos os que desejarem fazer parte dela. Com um grande reconhecimento e uma grande veneração pelo que os guias espirituais deram e construíram, os membros da Direção Espiritual Internacional executarão essa tarefa, na medida de suas condições, de seu entendimento e de sua consciência.

12

O objetivo da Escola Espiritual da Rosacruz Áurea

Quais são os objetivos dos rosa-cruzes? Responder a essa pergunta muitas vezes não é tão simples, pois o objetivo dos verdadeiros rosa-cruzes distingue-se claramente dos objetivos de todos os movimentos esotéricos, religiosos, científicos ou políticos contemporâneos.

A felicidade no Aquém?

A opinião pública tem muitos preconceitos sobre a atividade da Rosa-Cruz, talvez porque não esteja suficientemente informada sobre o verdadeiro rosacrucianismo. Muitas pessoas, por exemplo, pensam que os rosa-cruzes almejariam uma confraternização política da humanidade, um estado centralizado onde reinariam justiça, paz, bem-estar e liberdade para todos, onde os rosa-cruzes deteriam o poder, portanto um reino de felicidade efêmera no Aquém.

Ora, aos verdadeiros rosa-cruzes não interessa poder nem influência, ainda que desejem a felicidade da humanidade. Todavia, em que consiste a felicidade da humanidade? Seria uma vida com liberdade, bem-estar e paz? Com certeza esse seria um objetivo desejável, mas não seria plenamente satisfatório para o homem. Logo ele se sentiria infeliz, pois pressentiria que grandes objetivos lhe estão reservados.

A felicidade no Além?

Outras pessoas afirmam que os rosa-cruzes procuram o domínio das forças sutis e ocultas do mundo, que eles desejam a mestria dessas forças para dominar assim a humanidade, quer em proveito próprio, quer em proveito de outros. Portanto, um reino de felicidade no mundo sutil do Além. Muitos vão mesmo até mais longe, afirmando que os rosa-cruzes apenas jogavam com a noção de segredo para obter poder, que eles próprios não saberiam nada, mas simulariam um conhecimento misterioso para atrair os homens e explorá-los. É algo assim que Umberto Eco descreve em seu livro *O pêndulo de Foucault.*

Essa espécie de rosa-cruzes, com efeito, pode até existir! Contudo, os verdadeiros rosa-cruzes não querem a mestria de forças ocultas para dominar a humanidade e nunca especulam sobre quaisquer segredos.

Eles não querem conduzir a humanidade para uma felicidade efêmera no Aquém, ainda que essa felicidade fosse desejável, e também não procuram conduzi-la para uma felicidade efêmera no Além. Mas, então, o que querem os rosa-cruzes?

Uma vida na eternidade

Os rosa-cruzes sabem que no ser humano existe um núcleo imperecível, a alma-espírito imortal. Eles sabem também que no presente essa alma-espírito divina não está ativa na maioria da humanidade, ela não vive. O seu desenvolvimento é impedido por todos os esforços feitos pelo homem para alcançar objetivos políticos, esotéricos ou religiosos, no Aquém e no Além.

Todos os grupos com os objetivos citados movimentam-se no âmbito do Aquém e do Além, no mundo efêmero. Todavia, o verdadeiro destino do homem encontra-se na eternidade, no imperecível. Quem quiser ingressar nesse mundo imortal e imperecível deve romper voluntariamente suas ligações com o mundo perecível.

A Bíblia expressa isso da seguinte forma: "Quem achar a sua vida perdê-la-á; e quem perder a sua vida, por amor de mim (isto é, por amor do verdadeiro eu eterno, corporificado por Jesus), achá-la-á" (Mt 10:39). Quem, em nome da eternidade, aceitar perder sua vida, isto é, renunciar à procura da felicidade no Aquém ou no Além, encontrará a vida na eternidade. Os verdadeiros rosa-cruzes querem contribuir para que a humanidade ache essa vida na eternidade. Esse é o seu objetivo.

O que é essa vida na eternidade? Ela é experimentada antes ou após a morte? É possível experimentá-la a cada instante. É uma consciência das leis e forças eternas de Deus, e uma unidade com elas. Sob certas condições essa consciência pode revelar-se no homem – justamente quando cessar todo o seu esforço para obter a felicidade no Aquém e no Além efêmeros. Então a eternidade, de onde ele proveio como ser espiritual, torna-se perceptível, e a alma-espírito latente nele se abre, torna-se consciente e ativa.

No Aquém o homem procura sempre agarrar-se ao que lhe parece belo e bom e repudiar o que acha feio e mau. Assim, ele se torna prisioneiro das leis e forças deste mundo. E também no Além ele permanecerá ligado às suas preferências e às suas aversões. Todavia há um estado de ser em que ele já não atrai nem repele nada, mas é apenas percepção e dedicação. Então ele percebe as leis e forças eternas de Deus, absorve-se conscientemente nelas e coopera com elas.

Esse é, portanto, o objetivo dos verdadeiros rosa-cruzes, ontem e hoje: auxiliar o ser humano e a humanidade a realizar seu verdadeiro destino, que não está no Aquém ou no Além, mas no presente eterno.

13

Os três pilares da verdade universal

O objetivo da Escola Espiritual é apoiado pela Doutrina Universal, pelo campo de força da comunidade e pelos serviços templários, nos quais a Doutrina Universal e o campo de força são dinamizados.

A Doutrina esclarece as experiências que o ser humano tem no caminho espiritual. Portanto, ela não é, em primeiro lugar, uma invenção do cérebro humano, e muito menos um sistema conceitual, porém a descrição de fatos e cognições.

Por poder estimular experiências semelhantes em outros seres humanos, essa descrição é ao mesmo tempo força. E uma vez que o objetivo da Doutrina é o ouvinte vivenciar as experiências a ele descritas, ela é basicamente um programa que deve ser realizado.

O século em que vivemos é notável. Por um lado, um número cada vez maior de seres humanos percebe a insuficiência da concepção racional unilateral que domina a vida pública, e por isso muitas pessoas buscam refúgio nos mais diversos grupos alternativos ou movimentos esotéricos. Por outro lado, a representação da doutrina cristã de salvação perde cada vez mais sua espiritualidade, fenômeno que com certeza de modo algum se deve à perda da força de fé.

Muitos seres humanos que se dizem cristãos já não consideram o Evangelho uma revelação divina, mas vêem em Jesus um revolucionário social que serviria de exemplo para a luta política contra a miséria e a repressão. Não apenas nosso século, mas cada século reagiu ao Evangelho de uma forma que estava estreitamente ligada ao desenvolvimento da época e à consciência dos contemporâneos, pois ao ser humano, cuja consciência natural é incapaz de alcançar o que está oculto por trás da palavra divina, nada resta senão adaptar essa palavra à sua compreensão.

Entrementes, sempre existiram homens que, por meio de um longo caminho de purificação e iniciação, alcançaram tão grande nível de pureza que conseguiram compreender a palavra divina e transmiti-la a outros na linguagem de seu tempo. Com frequência eles apenas podiam atuar secretamente, porque eram banidos e perseguidos.

Graças à sua coragem, ao seu trabalho e ao seu amor é que a verdade sobre a origem e o objetivo do homem assim como a razão de sua sofrida existência neste mundo não desapareceram. Por seu intermédio o saber universal pôde ser transmitido de geração a geração, de modo que a verdade universal, como uma corrente subjacente, pôde propagar-se ao longo de todas as épocas. A Rosa-Cruz moderna trabalha segundo essa tradição. O Lectorium Rosicrucianum atua – na linguagem de nossa época – no mesmo plano espiritual do pensamento dos rosa-cruzes do início da era moderna, e isso sobre o fundamento sólido do Novo Testamento.

No início do século XVII Johann Valentin Andreæ escreveu vários livros codificados em parte por sua linguagem e seu simbolismo que, apesar de bem incompreensíveis para o leitor despreparado, ainda assim comoveram profundamente a Europa daquele tempo. A época estava madura para semelhante impulso espiritual, pois milhares de pessoas começaram a procurar a misteriosa Ordem da Rosa-Cruz, porém não puderam encontrá-la se não eram impulsionados no caminho da mudança e da compreensão por um puro anseio interior.

O antiquíssimo saber, a Doutrina Universal de sabedoria, que é vivificada em nossa época pela Rosa-Cruz moderna e é ofertada aos verdadeiros buscadores, fundamenta-se em três conhecimentos básicos, em três "pilares". São eles:

1. O conhecimento das duas ordens de natureza: a ordem divina e a ordem decaída;
2. O conhecimento da natureza dupla do ser humano: uma personalidade mortal em um microcosmo imortal;

3. O conhecimento da salvação do ciclo dos nascimentos: a transfiguração.

As duas ordens de natureza

Quando Jesus fala sobre o reino do céu, quando Buda fala sobre o Nirvana e Lao Tsé sobre o Tao, eles não se referem com isso ao Além do Aquém terrestre, à região dos mortos, denominada esfera refletora pela Escola da Rosacruz. O Aquém e o Além são as esferas interdependentes da ordem de natureza decaída procedente da unidade divina. Designamo-las como a ordem de natureza dialética. Nessa natureza não divina reina a mudança, a transformação contínua entre os opostos. Apareça o que aparecer na terra, simultaneamente surgirá seu oposto. Com o *ser* o *não ser* é invocado – tudo o que surge é efêmero.

O Nirvana, pelo contrário, é o não ser do mundo dos opostos do ser e não ser terrestres, ou seja, o ser eterno. Quem está nesse ser divino não está sujeito à transitoriedade, ao declínio, à morte, porém vive em concordância com as leis divinas da criação, em harmonia com a criação, na liberdade da cooperação criadora. Desse reino divino testemunham todos os enviados, todos os grandes filhos de Deus – e todas as escrituras sagradas, nas quais, como na Bíblia, as palavras dos enviados provenientes da vida divina são expostas e transmitidas.

Em geral os seres humanos não acreditam na mensagem divina, pois com seus sentidos específicos para utilização na ordem de natureza dialética não podem perceber o reino divino. Então eles evitam a palavra libertadora, ou até mesmo se opõem a ela, enquanto a miséria de sua existência não lhes proporcionar ouvidos que possam "ouvir", enquanto seu próprio interior não testificar que essa mensagem, desafiando todas as aparências externas, é verdadeira.

O ser humano, um microcosmo

O ser humano faz parte da ordem de natureza terrestre não divina, da qual é um produto. Seu corpo biológico é constituído de átomos da natureza dos opostos. Seus corpos sutis, o corpo astral e o corpo etérico, são formados por substâncias do mundo do Além, invisíveis aos nossos olhos. Nada dessa composição natural do ser humano tem valor eterno ou duração eterna, tudo — o corpo material denso e os corpos sutis — está destinado, após uma vida nas alternâncias do mundo dos opostos, a experimentar a dissolução predeterminada na morte. Porém, um segredo está ligado a seu ser. Se quisermos descobrir esse segredo temos de aproximar-nos do segundo pilar da Doutrina Universal de sabedoria, a doutrina da natureza do ser humano.

Como todos os enviados da luz nos revelam, o ser humano traz em si uma centelha da luz eterna. Jesus denomina-a o *reino de Deus em vós*, a doutrina oriental de sabedoria fala da *jóia na flor de lótus*, os rosa-cruzes falam da *centelha-do-espírito*, do *átomo original* ou da *rosa-do-coração*. E os teósofos denominam-na de forma significativa o "último remanescente" do homem divino.

A pátria original do verdadeiro homem não é a natureza terrestre dialética, mas o reino do céu. Ali ele foi criado como filho de Deus para viver na ordem divina eterna. Ele era um microcosmo luminoso em correspondência com todas as forças e possibilidades do macrocosmo divino. A Doutrina Universal nos diz que o egocentrismo causou sua queda. As luzes do microcosmo extinguiram-se, o espírito divino retirou-se da entidade caída, a alma divina adormeceu, e o microcosmo, sem objetivo, vagueava no caos. Para a salvação dos filhos caídos de Deus, o homem terrestre foi criado das forças da natureza e implantado no microcosmo, não como uma entidade divina, porém viva, animada, consciente. Com auxílio do ser humano mortal implantado, o microcosmo vazio, porém imortal, pôde ganhar certa forma de vida e consciência e acumular experiências. O que há de divino nessa associação desigual entre microcosmo e homem terrestre é somente a alma original adormecida, reduzida a um átomo, o lótus, a rosa. Essa rosa é bênção e maldição para o homem terrestre. Ela o atormenta, porque perturba seu repouso neste mundo, mas também lhe dá a possibilidade de compreender a palavra divina.

A transfiguração

Em algum momento, após uma corrente interminável de encarnações, o microcosmo se cansa de sua peregrinação longe da pátria. O núcleo-alma desperta, e o ser humano é afligido pela saudade do átomo original por sua pátria divina durante tanto tempo, que por fim lhe dá ouvidos, torna-se num buscador, alcança as portas de uma escola espiritual e solicita admissão.

A inteira ordem de natureza dialética veio-a-ser com o objetivo de presentear ao ser humano esta possibilidade: ouvir a voz da alma que desperta e, em obediência a essa voz interior, purificar o microcosmo, possibilitar a revivificação da alma divina e reconduzir o filho ressurreto de Deus à sua pátria.

A Escola Espiritual denomina esse processo transfiguração, os rosa-cruzes da Idade Média falavam de alquimia, Jesus o denominava renascimento da água e do espírito. O ensinamento da transformação do corruptível no incorruptível, tal como o expressa Paulo, é o terceiro pilar da Doutrina Universal: o conhecimento da salvação do ser humano do ciclo dos nascimentos, o evangelho da ressurreição do eterno no homem.

Ao homem terrestre material é confiada a grande tarefa de salvar o microcosmo que ele habita. Sem seu discernimento e sem sua cooperação essa salvação não é possível. Contudo, quando o homem se torna em um servo desse processo de salvação, ele é acolhido no imortal mediante o processo de transformação. Paulo afirma: *Tragada foi a morte pela vitória*. O processo de transformação, a transfiguração, compreende três fases: a demolição do antigo *templo* e a construção do novo em três dias, como promete Jesus. Mediante esse processo, o inteiro microcosmo, com sua forma espiritual, sua forma anímica e sua forma corpórea, é renovado e torna-se imortal. Ele se torna novamente morador do reino do céu e irmão de todos os filhos de Deus.

Esse acontecimento poderoso pode realizar-se no campo de força de uma escola espiritual, que coloca à disposição as possibilidades para o nascimento do novo homem. O ser humano que decide seguir esse caminho e dedicar-se a ele com todas as suas forças retirará sua atenção e seu anseio do mundo terrestre e dedicar-se-á de maneira cada vez mais intensiva ao novo vir-a-ser. Seu anelo pela nova vida proporcionar-lhe-á as forças para neutralizar seu velho ser e permitir que a nova alma floresça da centelha divina adormecida.

Pela neutralização do eu o microcosmo é purificado e subtraído da influência dos éons da natureza, dos senhores da ordem mundial dialética. As luzes extintas do microcosmo original começam novamente a luzir e brilham qual novo firmamento. Com esse sistema renovado o Espírito pode religar-se. Quando as “núpcias alquímicas” são festejadas, a alma renovada é religada com o Espírito divino; o microcosmo, o filho decaído de Deus, é salvo e volta ao lar. O ser humano que possibilitou o retorno sacrificou sua alma mortal não divina nesse processo. Ele é acolhido na nova alma e, por ocasião da morte, descarta o corpo material como uma folha morta.

O ser humano foi criado para seguir esse caminho. No entanto, sempre, principalmente em nossa época, acredita ter nascido para servir a si mesmo. Ele acha que deve buscar a autorrealização no sentido de realização do eu, que deve criar um paraíso na terra que corresponda a seu próprio entendimento. Contudo, as leis da ordem de natureza dialética frustam inevitavelmente suas esperanças e levam seus ideais ao fracasso. Este mundo dialético não permite a realização de valores absolutos. Para os seres humanos com esse discernimento, a Escola Espiritual é o lugar onde lhe são explicados as verdadeiras conexões e os verdadeiros motivos da vida.

14

O QUE É UM SERVIÇO TEMPLÁRIO?

Os alunos da Escola Espiritual da Rosacruz Áurea assistem regularmente a "serviços templários", que são o instrumento por meio do qual o campo de força da Escola Espiritual é sempre renovado — e atua. Quando o aluno participa de um serviço templário ele coedifica o campo de força da Escola Espiritual e fortalece ao mesmo tempo a atividade desse campo de força.

O templo exterior como símbolo
Por que se fala de um "serviço templário"? Porque durante o serviço o aluno permanece em um templo de tijolos? E em que consiste o serviço?

O templo exterior é apenas o símbolo do templo interior que deve surgir em cada aluno, no grupo de alunos como um todo e, no futuro, na humanidade inteira. Por isso, nos locais templários consagrados está presente a cruz com a rosa desabrochada para indicar o estado de cada buscador e de cada aluno no fim do caminho. Por isso também está presente nos templos dos grandes centros de conferências o caduceu de Mercúrio com as duas serpentes, que simboliza o caminho do buscador e do aluno bem como o da humanidade inteira. Essa é a razão da fonte no centro do templo, que indica a água borbulhante da nova alma; o candelabro sétuplo, que indica a nova consciência sétupla inflamada no Espírito Sétuplo; e a Bíblia aberta, que indica a cada ser humano a palavra divina a ser realizada.

Um serviço triplo

Portanto, o termo "serviço templário" é utilizado porque todos os participantes servem o novo homem no templo do Espírito. Eles servem o templo do Espírito de modo triplo. Em primeiro lugar, há o microcosmo individual mudado, onde o Outro, o homem espiritual, pode tornar-se ativo. Em segundo lugar, há a comunidade, o corpo-vivo da Escola Espiritual, na qual o Espírito se torna ativo. E em terceiro lugar, a longo prazo, o grande organismo da humanidade, onde Cristo viverá. Todos os três aspectos estão interligados de maneira indissolúvel.

Cada aluno, como indivíduo, é uma célula viva no corpo-vivo da Escola. Se durante um serviço templário ele serve o templo do próprio microcosmo, ao mesmo tempo serve também o templo do corpo-vivo e o templo da humanidade enquanto organismo, pois tudo o que ocorre em uma célula comunica-se ao organismo inteiro. Se uma célula do corpo-vivo da Escola Espiritual se modifica, ele se modifica, e também uma parte do organismo da humanidade. Se o corpo-vivo se modifica, também se modificam as células individualmente. Um por todos, todos por um. Se uma célula atua com força gnóstica, então essa atividade é acolhida e transmitida pelo inteiro corpo-vivo.

Serviço não para o eu

Portanto, em um "serviço templário" o aluno não recebe novos conhecimentos com o entendimento do eu em um templo exterior, para então retransmiti-los com sua vontade; nele o aluno também não recebe belas vivências de devoção e alegria com o sentimento do eu, para retransmiti-las a outros com sua vontade. Isso não seria um serviço no templo do corpo-vivo e da humanidade, porém um serviço para o eu.

Portanto, o que significa realmente "serviço templário"? Manter o coração livre do sentimento do eu, tornar-se silencioso e acolher as forças da Gnosis no coração. Manter a cabeça livre de todas as ideias e convicções egocêntricas e acolher no pensamento a Doutrina Universal. Então a Doutrina Universal e sua força farão morada no coração e na cabeça e transformarão o aluno em um templo. Então o aluno servirá a esse templo interior. Então doutrina e força, sem o envolvimento do aluno, podem irradiar e atuar no corpo-vivo. Elas construirão o templo do grupo e nele trabalharão. A longo prazo elas também construirão o templo da humanidade e nele trabalharão, pois todos os seres humanos estão ligados uns aos outros na força de Cristo.

Nova função da razão, do sentimento e da vontade

Devem então razão, sentimento e vontade silenciar completamente no serviço templário? Não, pelo contrário. Contudo, a *autocentralidade* da razão, do sentimento e da vontade deve silenciar: a tendência da razão de afirmar-se em suas presentes convicções, a tendência dos sentimentos de se voltar para acontecimentos agradáveis e a tendência da vontade de transformar o mundo à sua maneira. Quando o coração e a cabeça se abrem à luz da Gnosis e a vontade se torna neutra, quando todas as tendências do eu silenciam, razão, sentimento e vontade transformam-se em vasos para novos discernimentos, novas forças e novas energias vitais. Eles permitem que a Gnosis realize à sua maneira o trabalho para o templo do microcosmo, o templo do corpo-vivo e o templo da humanidade e participam nisso conscientemente como servos. Então o aluno no serviço templário é servidor da Doutrina Universal e da força da Gnosis que atua nele e por meio dele para outros. Ele se assemelha, então, a uma estação transmissora. Por seu intermédio a Doutrina Universal como força é distribuída no corpo-vivo, e por intermédio do corpo-vivo, na humanidade. Dessa forma, a Gnosis atua por seu intermédio como ela quer, não como ele quer.

Um único ser humano – Jesus, Buda e outros – pode exercer enorme influência quando se torna uma ferramenta consciente da Gnosis. Esse homem de atuação ampla pode ser comparado com o corpo-vivo da Escola Espiritual da Rosacruz. Por intermédio dele a Doutrina Universal e a força da Gnosis afluem à humanidade, que descobre, direta ou indiretamente, a realidade de um mundo divino, a realidade de uma dialética decaída, o homem como microcosmo, a centelha espiritual no microcosmo, o caminho da centelha espiritual desde a prisão na matéria até a liberdade no reino do Espírito. Por meio dele a humanidade fica sabendo o quanto a Gnosis foi falsificada no decorrer da história. Os buscadores podem precaver-se, escolher e encontrar o caminho.

Cada aluno que vive na Gnosis coopera com o corpo-vivo da Escola Espiritual, que é um instrumento da verdade. Ela vem a este mundo "buscar e abençoar o que está perdido".

Um serviço templário é: serviço no templo para o Outro, para o Cristo no próprio microcosmo, serviço no templo para o Cristo no corpo-vivo da Escola Espiritual e serviço para o Cristo no templo da humanidade.

15

Rosa-cruzes no Estado e na sociedade

O aluno da Rosa-Cruz está ligado a dois mundos, e ambos estão ativos nele. O mundo da origem divina novamente se tornou vivo nele. Por isso, a seu ser afluem forças espirituais com cujo auxílio ele pode renovar sua alma. Por outro lado, ele tem sua família, sua profissão e todo o seu meio social. Ele passa pelos conflitos inevitáveis que a vida em sociedade traz. Ele vivencia em si e nos outros o impulso por independência, a luta pela realização das próprias ideias, pela afirmação da própria vontade. A necessidade de sentimento de vida, de qualidade de vida, o instinto frequentemente compulsivo de viver à vontade no exercício do poder, a necessidade de reconhecimento, a luta por riquezas, a busca de prazeres..., tudo isso o confronta, a ele e a outros.

Muitos dos homens contemporâneos estão na flor do desenvolvimento de seu eu. O aluno, pelo contrário, está inseguro, encontra-se na crise de seu eu ou caminha para vivenciá-la. Ele já teve vivências interiores que lhe mostram que existe a espiritualidade universal, a unidade em Deus, o acolhimento na oniconsciência. Com frequência também são apenas pressentimentos que lhe indicam os planos superiores de existência. Eles compelem-no a dar uma nova direção à sua vida. A consciência-eu, com sua necessária automanutenção, cada vez mais lhe parece um encapsulamento e uma prisão.

Questões angustiantes

No entanto, nessa situação, questões graves aparecem: "Todos os outros se encontram na luta pela vida, seguindo a lei de sua automanutenção. Como poderei sobreviver se seguir os novos impulsos anímicos? Como exercerei minha profissão? Como manterei minha família? Como viver, nesta realidade cotidiana, segundo os princípios de um mundo superior?"

O eu pode tornar-se tímido, ele pode mesmo duvidar de suas possibilidades de trilhar o caminho, dizendo a si mesmo: "Compreendo que esse é o caminho correto, porém as circunstâncias exteriores não me permitem segui-lo".

Semelhante reação é compreensível, pois nosso eu atual é o resultado de muitas lutas, o resultado de esforços seculares por liberdade e autodeterminação. Ele é o coroamento do presente desenvolvimento; com seu atual estado de consciência o ser humano "realizou algo", ele vive direcionado para si mesmo, é o ponto central do seu próprio mundo e deseja mantê-lo, embelezá-lo e desenvolvê-lo.

Todavia, o ser humano abalado interiormente por um contato com o mundo superior entra em conflito consigo mesmo. Até agora ele viveu segundo a lei da automanutenção, mas agora se defronta com outra lei: a da dedicação ao reino de Deus. Nesse conflito, apenas o eu que amadureceu pode encontrar o caminho correto.

Quem verdadeiramente se sente chamado a uma ordem de vida superior recebe — após as incertezas iniciais — a coragem de abrir-se cada vez mais às forças do reino de Deus e confiar-se a elas. Ele vivencia, como um milagre, que as novas forças anímicas, logo que se deixa conduzir por elas, lhe indicam o caminho através de todos os conflitos e dificuldades. O meio social em que vive, e que talvez lhe pareça um obstáculo sério para seu caminho, dá-lhe permissão para passar. Qualquer mudança interior mínima mostra suas consequências. Quanto mais clara é uma decisão, mais facilmente o caminho lhe é aplanado.

O ponto de partida necessário

As circunstâncias existenciais nas quais o aluno vive são o ponto de partida necessário. Ao se transformarem, as circunstâncias exteriores indicam o desenvolvimento interior. Podemos reconhecer o próprio caráter, as relações com o cônjuge, parentes, amigos, colegas de trabalho como unilaterais e cheias de problemas, porém tudo isso tem seu significado. É como um espelho diante de nosso rosto que nos diz algo sobre nosso estado. As constelações em nós e ao nosso redor formaram-se como resultado de muitas encarnações. Elas têm sua correspondência na aura de nosso microcosmo. Nosso ponto de partida pode parecer ainda muito confuso. Entretanto, ele é o melhor estado possível que pôde ser produzido tendo em vista o comportamento das vidas anteriores.

Ninguém consegue examinar em casos particulares com precisão por que um microcosmo encarna justamente em determinada família, por que uma pessoa tem os parentes que tem, está em determinado meio social, tem determinados traços de caráter e determinados problemas corporais. Segundo a atividade do amor divino e a vocação superior do ser humano, justamente esse ponto de partida foi necessário para passar por experiências decisivas e produzir a oportunidade de dissolver culpas e envolvimentos passados. Por isso o aluno pode aceitar suas circunstâncias de vida. Elas são um componente necessário de seu caminho. Ele aceita sua família, sua profissão e suas obrigações sociais. É o passado vivificado novamente, que por fim espera por solução.

À medida que o aluno aprende a aceitar-se, também aprende a aceitar os outros como são. Neles também se moldam as forças do passado. Eles também apenas podem passar pelas experiências necessárias com base em seu estado atual e, se tudo correr bem, extinguir velhas culpas. Paciência e tolerância surgem como companheiros inevitáveis no caminho da Rosa-Cruz.

O palco da vida

Também o Estado, a estrutura social superior, é uma consequência do passado. Cada ser humano está inserido em um povo e ligado com seu desenvolvimento coletivo. Ele tem de levar a herança do passado em conjunto com os outros. As lutas da história, os delitos, os esforços positivos, coragem e covardia, tudo o que aconteceu no interior de um povo imprime seu selo no indivíduo. Os mecanismos de integração reúnem tudo o que acontece no interior de um povo e o transmite a todos. São comoções astrais que sempre vivificam o sentimento de unidade. Elas dão a cada indivíduo uma característica, tornam-se parte de sua peculiaridade.

Nossa era atual encontra-se em um rodamoinho descendente. O nível cultural tradicional, com sua estrutura de valores, dissolve-se cada vez mais rápido. Em seu lugar surge, também nas personalidades condutoras e nos representantes de um povo, puro egocentrismo. Em consequência, o Estado entra em crise profunda, degenerando em mero mecanismo que procura equilibrar as lutas de interesses e, ao mesmo tempo, é dominado por grupos de interesses.

Deve haver leis

Restam às leis a tarefa importante de equilibrar, corrigir e evitar injustiças flagrantes. A lei protege o ser humano de queda mais profunda, de desumanização ainda maior. O palco da vida diária, a ordem estatal, é governado pelas leis. Apenas pelo uso dessas leis o homem pode amadurecer a ideia de que deve almejar outra vida, mais elevada. Uma certa ordem e equilíbrio social podem tornar mais fácil para o buscador alcançar seu objetivo. O arquétipo de tal sociedade é encontrado no Dez Mandamentos. Jesus disse sobre si que veio não para revogar a lei, mas para cumpri-la. Sobre o conceito "cumprir" não devemos pensar num mero seguir a lei.

O aluno de uma escola espiritual esforça-se, portanto, em seguir a lei divina interior e, por isso, cumpre a lei exterior com muito mais facilidade. As leis exteriores são linhas de comportamento que não se originaram de nós mesmos. Com frequência restringem nosso próprio impulso de expansão e às vezes atuam como um jugo que tem de ser carregado. Contudo, quem submete seu eu à atividade da nova força anímica tem um legislador interno, e em consequência disso sente a lei exterior cada vez menos como restrição ou carga. A nova força anímica adquirida liga-o à fonte primordial presente em cada ser humano. Ela é uma força de amor que suporta o desviado e restringe os instintos naturais no próprio ser.

O "outro" Estado

Assim, o aluno está na vida social e cumpre aí suas obrigações. Além disso, ele colabora na construção e na manutenção de outro "Estado", de outro reino, e une-se a outros que igualmente se esforçam pela transfiguração numa comunidade de almas. Assim como na sociedade exterior, também atuam na Escola Espiritual mecanismos astrais de integração. O objetivo comum é a base da união. A substância do novo reino anímico, sua "região", consiste nas forças etéricas e astrais que o grupo expande como um campo ao seu redor. Esse campo recebe sua estrutura do estado de ser dos alunos. A nova região de vida está em ligação direta com o mundo divino, está aberta para ele, encaminha-se para ele e dele recebe sua força como alimento diário.

Qualquer aluno que habita esse campo de vida com todo o seu coração é preenchido por ele e vivencia assim um antegosto da liberdade perfeita. Ele sente que esse é "seu" reino e que está a caminho de tornar-se novamente "homem", cidadão de *Christianopolis,* o Estado cuja lei fundamental é unidade, liberdade e amor.

O aluno vive, portanto, em dois reinos, o reino da florescente luz eterna da alma e o reino da troca constante entre luz e trevas. Ele porta duas vestes, a "veste" de carne e sangue, na qual atuam as forças da natureza, e a veste de luz etérica e astral em desenvolvimento. Assim, ele leva em si uma ferida, a ferida da colisão entre dois mundos.

Esse estado duplo, com o tempo, não pode ser mantido. Ele tem de ser dissolvido em favor de uma cura perfeita, de uma santificação. Por isso, o aluno se esforça em dirigir-se para o Espírito, em vivenciar e seguir interiormente seus mandamentos. Como consequência desse esforço, ele também consegue cumprir a lei exterior com facilidade, consegue "dar a César o que é de César", pois vivencia que as portas para o absoluto, as portas para a renovação perfeita, apenas se abrem quando a vida exterior o libera. Portanto, ele deve pagar dívidas antigas e dissolver definitivamente todas as discórdias e inimizades em seu interior. "Perdoar e esquecer" é a divisa a ser aplicada a todos os devedores.

Quando um grupo de seres humanos coloca-se assim a caminho de sua origem divina, uma bênção jorra sobre a humanidade. Os que se banham nas águas da vida fazem as águas puras afluir para todos os que delas têm sede. O esforço que conduz para fora do mundo lança um clarão sobre o mundo. O voltar-se para o "primeiro amor" abre as fontes do amor ao próximo.

16

Jan van Rijckenborgh, um rosa-cruz moderno e um gnóstico hermético

Jan van Rijckenborgh nasceu em Haarlem, na Holanda, em 1896, numa família protestante rígida, e morreu em 1968, em Santpoort, cidade próxima de Haarlem. Desde sua juventude demonstrou forte interesse pelas questões religiosas, sobretudo por sua aplicação na vida cotidiana, portanto na prática de vida. Verificando a falsidade e a hipocrisia habituais — dos que são piedosos no domingo, mas vivem sem escrúpulos durante a semana, enganam outros e não cessam de falar mal e criticar — assim também como o grande vazio em muitos teólogos de seu tempo, acabou desligando-se da igreja.

A "teologia realista" do professor De Hartog

Um único teólogo, o Prof. Dr. A.H. De Hartog (1869–1938), teve uma influência visível sobre Jan van Rijckenborgh. No início do século XX, as concepções de De Hartog estavam muito à frente da ortodoxia dos círculos eclesiásticos da Holanda. Já naquela época ele introduziu a *Teologia Realista.* Ele queria ver a realidade frente a frente e defendia uma fé e uma religião racionais, baseadas na Epístola aos Romanos, cap. 12, vers. 1, onde é dito que a nova vida é o verdadeiro sacrifício. De Hartog era um orador inflamado, que sabia falar ao coração do ser humano. Onde quer que pregasse na Holanda, a igreja ficava cheia. Entre seus ouvintes também estava o jovem Jan van Rijckenborgh.

De Hartog, que frequentemente dialogava com os cabeças dirigentes do partido dos trabalhadores daquela época, era conhecido como pregador liberal de pensamento abrangente. Ele pertencia aos fundadores da Escola Internacional de Filosofia de Amersfoort, um instituto que se ocupava com estudos comparados de religião e cultura. Tudo isso apelava sobremaneira ao jovem Jan van Rijckenborgh, que buscava com intensidade as profundezas espirituais da existência humana. De Hartog, por sua vez, fora influenciado em certa medida por Eduard von Hartmann (1842–1906), autor do livro *Philosophie des Unbewussten* (Filosofia do inconsciente). Graças a essa obra De Hartog sabia que existia fora do homem uma realidade que ele podia reconhecer.

Contudo, a ideia humana dessa realidade não costuma ser verdadeira. De Hartog baseava-se no pressuposto de que por trás do perceptível aos sentidos, por trás de tudo o que existe, inclusive no espírito humano, havia um "fundamento", uma força primordial .[6]

---

[6]*Bibliografie,* Bibliotheek Rijksuniversiteit Utrecht, 1988.

Essa ideia abarca de Schelling, com sua obra *Über das Wesen der menschlichen Freiheit, 1809* (Sobre a essência da liberdade humana, 1909), ao Sem-Fundo (*Ungrund*) de Jacob Boehme, por quem De Hartog também tinha grande interesse, se considerarmos seu livro *Uren met Boehme* (Horas com Boehme), seleção de textos da obra de Boehme.[7] Foi assim que Jan van Rijckenborgh teve conhecimento das duas ordens de natureza, que Boehme descreve em *Aurora,* da qual, na década de trinta, ele mesmo cuidará da tradução e da edição em holandês.[8]

Na introdução a essa edição, ele escreve: "Em *Uren met Boehme,* do saudoso professor De Hartog, vemos, por exemplo, Boehme como um filósofo pela graça de Deus. Mas não podemos deixar de considerar o esoterismo como a base fundamental das ideias de Boehme, assim como de muitos outros. Entretanto, somos gratos pelo nome de Boehme — ainda que difamado — ser citado como o de um filósofo por excelência. De onde vem esse amor, podemos perguntar? Pensamos que ele pode ser explicado pela fé inquebrantável de Boehme, cuja expressão é um saber imenso

[7]De Hartog, A. H., *Uren met Boehme.* Baarn: Hollandia-Drukkerij, 1915. Uma seleção da obra apareceu com o título: *Levend in de eenvoud van Christus* (Vivendo na simplicidade de Cristo). Haarlem: Rozekruis Pers, 1998.

[8]*Aurora of morgenrood in opgang.* Jacob Boehme. Trad. holandesa por K. W. Schiebler, Leipzig, 1932. Editora Hora Est, Haarlem.

e uma certeza admirável, a ponto de fazer compreender o indizível. Sabemos e testemunhamos que se trata aqui de uma fé que brotava da fonte inesgotável do cristianismo esotérico. Por isso apresentamos uma tradução da obra mestra de Boehme, *Aurora of morgenrood in opgang,* com a convicção de erguer um novo interesse nas pessoas aparentadas pela alma e pelo espírito a esse filósofo, que lhes oferece mais uma vez a sabedoria, mas sob uma forma mais moderna".

O mundo tornou-se uma morada das trevas
Em Boehme ele encontrou, pois, a doutrina das duas naturezas tal como exposta em *Aurora,* da qual citamos um trecho:

"A inteira casa deste mundo, que está no ser visível e tangível, é a antiga casa de Deus ou o antigo corpo, o qual, antes do tempo da cólera, esteve na claridade celeste. Mas quando o Diabo aí acendeu a cólera, ela tornou-se uma morada das trevas e da morte. Por isso, então, o nascimento santo de Deus também se separou da cólera como um corpo isolado, e foi feito o firmamento do céu entre o amor e a cólera, de modo que assim o nascimento das estrelas permanece no meio. Com sua tangibilidade e sua visibilidade exteriores ela está na cólera da morte, e com o novo nascimento que se eleva nela e se encontra no meio, onde o céu está fechado, ela está na doçura da vida. A doçura agita-se contra a cólera, e a cólera contra a doçura, e assim constituem dois reinos distintos no mesmo corpo deste mundo. [...]

O céu foi fechado, para que a nova vida tivesse todas as forças e efeito, tal como a antiga [vida] possuíra outrora, antes do tempo da cólera, e para que fosse da mesma qualidade com a pura Divindade fora deste mundo e fosse um Deus santo com a Divindade fora deste mundo."

Uma ideia gnóstica que abrange séculos

Essa citação mostra que Boehme é um gnóstico puro, razão pela qual foi perseguido durante sua vida. Mas Jan van Rijckenborgh reconheceu a ideia gnóstica universal que abrange séculos. Ele a encontrou em inúmeros fragmentos de escritos remanescentes.

Em seus textos e suas alocuções, De Hartog exprime sua convicção da necessidade do renascimento. Somente o homem renascido pode contemplar a verdade numa verdadeira luz. A noção de revelação estava no coração de sua teologia. O Verbo divino, o Logos, operava segundo ele sob três formas: como Verbo criador, como Verbo tornado homem em Cristo, e como palavra escrita na Bíblia. Ele se sentia ligado ao grupo medieval dos "amigos de Deus",[9] que não se importavam com fronteiras religiosas. A revelação, a penetração da eternidade no tempo, o Verbo

---

[9]Os amigos de Deus eram Johannes Ruysbroek, Johannes Tauler, Heinrich Suso, Rullmann Merswin, Vom Oberland e Eckhart. O misterioso Vom Oberland e seus discípulos foram considerados por alguns como os precursores dos rosa-cruzes.

feito carne, o Logos, mostram a necessidade do renascimento, ou como o exprime Jacob Boehme:

"Quem, do tempo, se tornou eternidade e, da eternidade, se tornou tempo está liberto de toda a luta."

"Quem não morre antes de morrer morre ao morrer."

Essas ideias e muitas outras propagadas por De Hartog falavam muito a Jan van Rijckenborgh, como também as palavras de Ângelo Silésio (pseudônimo de Johannes Scheffler, 1624–1677) que De Hartog citava sempre:

"Se Cristo nascer mil vezes em Belém e não em vossa alma, estareis, apesar de tudo, perdidos."

As ideias fundamentais de Silésio como base da filosofia da Rosa-Cruz

Essas ideias fundamentais, exprimidas tão poeticamente por Silésio, foram utilizadas por Jan van Rijckenborgh para expor a filosofia da Rosacruz Áurea em numerosos livros e alocuções. Tratados abordando o mesmo assunto fizeram-no refletir, e ele se pôs em busca de suas fontes. E quando De Hartog foi criticado por seus confrades teólogos e acusado de se desviar do ensinamento oficial, ele viu o sinal para procurar a verdade em outra parte, pois percebeu que a religião não oferecia nenhum refúgio para o verdadeiro peregrino de Cristo. Ele gravou literalmente no coração uma máxima de De Hartog, que citou depois um grande número de vezes: "A verdade fundamental não nos é oferecida numa bandeja, dada como uma série de dogmas ou ditada por escrito. É a consciência humana comum que deve conquistá-la e dela apropriar-se".

No entanto, seu pensamento permanece cristocêntrico, alinhando-se à Gnosis, à Rosa-Cruz e ao hermetismo, sempre com base nos pensamentos da Rosa-Cruz e do hermetismo: uma linha universal de pensamento livre de dogmas, armadilhas teológicas e ortodoxia. Assim, ele escreveu num artigo intitulado *O mistério da Alma:*

"Embora a Bíblia seja a mais importante garantia religiosa para um ser humano, é absolutamente certo que ele malogrará nos obstáculos do texto. Como prova disso, menciono a multidão numerosa das confissões de fé, de comunidades e seitas religiosas de todos os gêneros que se entregam às exegeses literais, simbólicas ou esotéricas da Bíblia, de forma espontânea ou mais ou menos científica.

A parte da humanidade que se denomina cristã nunca chegará à unidade, à elevação, à libertação, enquanto não abandonar de vez o caminho sobre o qual os séculos a compeliram. As Escrituras Sagradas são utilizadas de maneira errônea; elas são apenas um testemunho divino e sua linguagem apenas pode ser compreendida se as abordarmos de forma totalmente diferente. Um imenso abismo nos separa dos mistérios da vida e de Deus, que convergem em particular na Bíblia. O caminho da vida é um caminho interior. Somente um processo de santificação, um caminho de santificação, pode libertar-nos. E o sinal característico jamais poderá ser miríades de palavras ou toneladas de escritos. Quem segue o caminho da santificação prova-o pela luz, por sua luz interior. Essa luz interior é a ponte que transpõe o imenso abismo entre nós e os mistérios da vida e de Deus. Não teríamos então necessidade da Bíblia? Seria ela supérflua? A Rosacruz Áurea incita a um desenvolvimento tal que a humanidade aprenderá a considerar a Bíblia de uma forma totalmente nova".[10]

Citamos essa passagem de uma de suas obras mais antigas porque ela mostra que Rijckenborgh segue a mesma linha de De Hartog: a experiência religiosa realiza-se de maneira concreta na vida cotidiana; a revelação tem de provir do ser interior com total liberdade e autonomia. Antes de deixar a igreja, Jan van Rijckenborgh tomou parte ativa num movimento intitulado "União dos Jovens Cristãos", onde expôs sua própria visão sobre a Bíblia, visão brilhante de uma revelação interior pessoal, o que produzia naturalmente conflitos. Ele procurava sobretudo o desvelamento do Verbo, o significado profundo que os teólogos não lhe revelavam.

---

[10]Revista *Niewe Religieuze Oriëntering* (Nova orientação religiosa), s.d.

Quando tinha 28 anos, suas buscas colocaram-no na pista da Rosa-Cruz moderna. Foi assim que ele entrou em contato com *The Rosicrucian Fellowship* de Max Heindel, cujas explicações esotéricas da Bíblia e das religiões muito o impressionaram. No livro *O conceito rosacruz do cosmos*[11] ele reconheceu muito do que já lhe havia sido revelado interiormente e do que sempre buscava: a realidade das coisas por trás da existência material perceptível, assim como o objetivo por trás de toda vida e da manifestação.

Por conseguinte, ele leu os manifestos dos rosa-cruzes do século XVII, os escritos de Paracelso, Comênio, Van Helmont, Boehme e Fludd, apenas para citar alguns, e sentia-se muito atraído por essas obras. Após alguns anos, em 1934, rompeu com o movimento rosa-cruz americano de Max Heindel, por achar que essa escola entrara numa senda ocultista e se distanciara do aspecto cristão dos rosa-cruzes.

O processo evangélico deve acontecer no homem

Ao fundar a Escola da Rosacruz Áurea, Jan van Rijckenborgh concentrou-se nos manifestos da Fraternidade da Rosa-Cruz do século XVII e fez conferências sobre o assunto e sobre o significado esotérico dos evangelhos cristãos. Assim fazendo, ele enfatizava o processo evangélico que tem de

[11] Heindel, M., *The Rosicrucian Cosmo Conception,* Seattle, Washington: The Rosicrucian Fellowship, 1909.

acontecer no ser humano, relegando o aspecto histórico a segundo plano.

Na introdução de *De Blijmare van de Gave Gods, een esoterische analyse van het Mattheusevangelie*, ele escreveu: "Assim a pesquisa mostrará que o Novo Testamento em seu conjunto oferece a sabedoria que permite ver e aprofundar o passado, o presente e o futuro do mundo e do homem; tal é o trabalho para o indivíduo e a sociedade desse ser admirável e divino, o Cristo. Nós vivemos num tempo em que parte da humanidade está prestes e capacitada a aprender a ler a Bíblia, ao menos particularmente, como um escrito científico, esotérico, gnóstico, com auxílio do qual o homem pode compreender os desígnios de Deus".[12]

Ninguém que procure

Nesse meio tempo, para ter acesso aos escritos originais, Jan van Rijckenborgh viajou a Londres, onde visitou a *British Library*. Aí fez cópias das obras de Johann Valentin Andreæ, em particular de uma tradução inglesa da *Republicæ Christianopolitanæ*. Ele escreveu a esse propósito:

"Por ocasião de uma viagem de pesquisa, há alguns anos, na biblioteca do *British Museum*, de

[12]Twine, J., *De Blijmare van de Gave Gods, een esoterische analyse van het Mattheusevangelie* (A boa nova do dom de Deus, uma análise esotérica do Evangelho segundo Mateus). Haarlem: 1931.

renome mundial, descobri *Christianopolis,* uma obra pouco conhecida de Johann Valentin Andreæ, autor da *Fama Fraternitatis R.C.* Esse documento data de 1619 e espera há mais ou menos trezentos anos que alguém venha consultá-lo. Nós pudemos levar uma tradução inglesa dele aos Países Baixos, com sentimento íntimo de que deveríamos divulgar a matéria plenamente e acrescentar comentários sobre ela".[13] Esse texto e os comentários foram publicados em 1939 e reeditados em 1978. Enquanto Jan van Rijckenborgh publicava *Christianopolis,* ocupava-se também de uma tradução em holandês dos manifestos: *Fama Fraternitatis R.C., Confessio Fraternitatis R.C.* e *Scheikundig Huwelijk van C.R.C.* (Núpcias químicas de C.R.C.) em um volume.[14] Paralelamente, escrevia para a revista *Nieuw Religieuze Orientëring* (Nova Orientação Religiosa) uma série de traduções em holandês do livro *Die geheime Figuren der Rosenkreuzer* (Símbolos secretos dos rosa-cruzes).[15]

---

[13] Andreæ, J. V., *Republicæ Christianopolitanæ.* Cartas explicativas. Rozekruis Pers, 1939/1940. Segunda edição com o título: *Christianopolis,* 1978.

[14] *Fama Fraternitatis, Confessio en Alchemische Bruiloft.* Holanda, 1937.

[15] Rijckenborgh, J. van, *De geheimen der Rozekruisers Broederschap, Esoterische analyse,* 1938. Com novo título: *De Roep der Rozenkruisers Broederschap,* 1966. Haarlem: Rozekruis Pers, 3.ª ed., 1985. Edição brasileira: Rijckenborgh, J. van, *O chamado da Fraternidade da Rosa-Cruz.* Jarinu: Lectorium Rosicrucianum, 2014.

Descobrir as intenções ocultas

Tudo o que precede mostra como Rijckenborgh se sentia ligado com a mensagem da Fraternidade clássica dos rosa-cruzes. Ele não considerava esses escritos, em primeiro lugar, como tendo importância histórica, mas queria sobretudo descobrir as intenções e o significado ocultos por trás deles, pois sentia em seu íntimo a inspiração espiritual que deles emanava. Ele editou seus comentários da *Fama Fraternitatis R.C.*, que qualificou de "análise esotérica", sob o título *De geheimen der Rozenkruisers Broederschap* (Os segredos da Fraternidade dos Rosa-cruzes). Na introdução, escreveu:

"É chegado o momento de abrir o testamento espiritual velado da Fraternidade da Rosa-Cruz e trazer à luz os tesouros que ele contém. Ao longo dos séculos, o trabalho dos irmãos sempre foi totalmente incompreendido. Um grande número de esoteristas, influenciados pela magia oriental, causaram-lhe dano incalculável com suas publicações, nas quais obscureceram, assim, o brilho da luz da Rosa-Cruz com ensinamentos exóticos."[15]

O homem C.R.C. existiu de fato?

Além disso, ele continua seu comentário com as seguintes palavras:

"Alguns que tentaram analisar a *Fama* logo fizeram as seguintes perguntas: 'O homem C.R.C. realmente existiu? Quem era ele? Houve algum contemporâneo que o tivesse visto? Há alguma literatura de seu tempo que fale dele?' [...] Portanto, vamos deixar a pesquisa histórica para falar apenas 'de um homem'. Admitamos, por enquanto, que um homem chamado C.R.C. exista na atualidade, que vós todos o conheceis e que observamos sua luta. Se ele viveu ou não antigamente, hoje pouco nos importa. Assim, nós evocamos diante de vós um homem, uma imagem, e juntos animamos essa figura mítica até que ela viva diante de nós. Chamamos esse homem de 'Cristiano Rosa-Cruz', e dizemos mais ainda: ele é de origem germânica, o que significa que nossa figura é um puro europeu, um ocidental. Pois bem, esse homem ocidental deseja seguir o caminho de um ocidental, ou seja, o caminho indicado e vivido por Cristo. É por isso que o chamamos de *Cristiano*. Esse ocidental procura desenvolver todos os poderes latentes no ser de cada homem, poderes que fazem dele um filho de Deus, um Deus em devir ou vir-a-ser, que está firmemente decidido e se esforça por isso. Além disso, ele está pronto a percorrer o caminho do total autossacrifício. Por essa razão também chamamos nosso herói de *Rosa-Cruz*. Como essa figura simbólica vive plenamente diante de nós e como estamos entusiasmados com a luta heróica iniciada por esse homem, dizemos em prece: 'Querido irmão, possa a rosa branca de Cristo resplandecer sobre tua cruz!' "[15]

Chamado para a reforma total do homem

Nos escritos dos anos 30, Jan van Rijckenborgh dá a entender que os manifestos dizem respeito ao homem diretamente; que eles convidam para uma reforma total do homem, pois somente isso pode levar à transformação da sociedade. Nessa obra ele diz:

"Com isso, queremos orientar-nos segundo os caminhos indicados nos antigos testemunhos da Ordem da Rosa-Cruz: A *Confessio Fraternitatis R.C.* nos coloca diante do programa, da profissão de fé. Na *Fama Fraternitatis R.C.* o aluno passa a executar esse programa. Em *As núpcias alquímicas de Christian Rosenkreuz* é descrito o desenvolvimento integral do caminho da iniciação cristã, depois que o objetivo, o chamado, a *Fama,* foi realizado como tarefa individual. Por fim, a obra da Rosa-Cruz aparece em *Christianopolis* onde é descrita a estrutura de uma nova sociedade tal como os irmãos devem constituí-la".

Portanto, verificamos que os manifestos rosa-cruzes do século XVII tinham um significado bem mais profundo para Jan van Rijckenborgh do que se pudesse supor por um exame superficial. Ele lia neles o que o animava. A mensagem enviada pela Fraternidade da época, o chamado para uma reforma geral, visava antes de tudo a uma mudança fundamental do ser humano.

De 1940 a 1945, os anos de guerra, quando a Escola Espiritual foi fechada pela ocupação alemã, o que lhe impediu continuar seu trabalho, Jan van Rijckenborgh dedica-se ao *Corpus Hermeticum,* aos escritos dos maniqueus, dos gnósticos, à história dos cátaros. Ele reconheceu diversos ensinamentos desses escritos sob forma velada e simbólica nos manifestos. Em seguida, teve a certeza de que os ensinamentos de Hermes estavam repetidos nos livros de Paracelso de uma forma muito pessoal e verificou que este último era muito estimado pelos irmãos da Rosa-Cruz. Verificou também que os autores dos manifestos dispunham do *Corpus Hermeticum* e de muitas outras obras gnósticas e esotéricas. E o caminho interior, o caminho dos mistérios, está oculto em todos esses escritos.

Publicação de Dei Gloria Intacta logo após a Segunda Guerra Mundial

Logo após a Segunda Guerra Mundial, ele publica *Dei Gloria Intacta,* com o subtítulo: O mistério iniciático cristão para a nova era.[16] Nesse livro, o caminho interior é explanado de maneira minuciosa como uma senda sétupla. Não se trata de uma iniciação conferida por alguém, um assim chamado "iniciado", mas de um caminho de autoiniciação, um caminho muito concreto, levando a uma renovação total da vida com base no autoconhecimento. Assim como já era afirmado pelos gnósticos e pelos hermetistas: "Conhece-te a ti mesmo e conhecerás o Universo".

Dei Gloria Intacta, que tem como introdução um excerto da *Fama Fraternitatis,* apareceu como

[16]Rijckenborgh, J. van, *O mistério iniciático cristão: Dei Gloria Intacta.* Jarinu: Rosacruz, 2003.

preparação de duas obras monumentais que seriam publicadas a seguir: os quatro volumes de comentários sobre o *Corpus Hermeticum* e os dois volumes da obra magistral com explicações detalhadas sobre o caminho de iniciação, revelando-o ao leitor: *As núpcias alquímicas de Christian Rosenkreuz*. Aqui Jan van Rijckenborgh demonstra que, após uma longa caminhada preparatória, no decorrer da qual penetrou passo a passo os segredos da Fraternidade, pôde receber em mãos a chave. A "luta de C.R.C.", tal como ele a descreve de todas as formas possíveis, representa ao mesmo tempo o próprio combate do autor para abrir o caminho a outros e sobretudo tirar os véus do tempo e revelar plenamente os mistérios dissimulados nos escritos antigos, pois ele obteve a chave interior que deu acesso aos livros de sabedoria que mostram o caminho.

A esse propósito ele declara: "Em *As núpcias químicas de Cristiano Rosa-Cruz* são descritas, minuciosa, precisa e claramente, todas as iniciações de C.R.C., tão claramente que melhor não é possível. Todos os esclarecimentos são dados, sem que um sequer seja descuidado.

Quem foi, ou melhor, quem é Cristiano Rosa-Cruz? Ele é o protótipo do verdadeiro homem original, do homem que realmente é cristão, em quem o Cristo foi liberado por ter ele percorrido a senda da cruz na força da rosa. A cruz surge mediante duas linhas de força que se interceptam perpendicularmente. Isso significa uma mudança total, uma transformação de forças, uma transmutação alquímica. Um renascimento. A rosa em nós tem de ser ligada a seu verdadeiro campo de vida, o campo da imortalidade. A rosa tem de ser libertada mediante a via-crúcis da transfiguração. Por isso falamos de Rosa-Cruz. Esse trabalho tem de acontecer na força de Cristo, na força eletromagnética da vida universal."[17]

O conhecimento surge quando a centelha de luz se inflama

A rosa é o símbolo da centelha de luz, a centelha divina dos gnósticos, que é designada por Jan van Rijckenborgh de maneira mais atual como "o átomo-centelha-do-espírito" ou núcleo espiritual divino no ser humano.

Quando esse núcleo divino torna-se ativo, ele explica, quando essa centelha de luz se inflama no coração, então o conhecimento interior surge, o conhecimento do coração. Ela se revela com base no átomo original divino, semente potencial do Espírito. Se essa semente-germe se expande, ela produz frutos do Único Bem, os frutos da árvore da vida.

Quando a semente da rosa fecunda a alma, esta torna-se imortal e transfigura o corpo, a personalidade. O conhecimento do Único Bem é uma

[17] Rijckenborgh, J. van, *As núpcias alquímicas de Christian Rosenkreuz.* São Paulo: Lectorium Rosicrucianum, 1993, vol. I.

compreensão espiritual que dá o poder de conhecer-se interiormente, de descobrir sua vocação real e Deus em si.

Jan van Rijckenborgh só tem uma intenção, que corre como um fio de ouro através de todas suas obras: incitar o leitor ao autoconhecimento, ao conhecimento de seu verdadeiro ser enterrado em seu coração como um botão de rosa, uma centelha-do-espírito. O microcosmo, a origem divina do homem, sua nobreza segundo a expressão da *Fama Fraternitatis,* nele está oculto. Trata-se da nobreza original do homem que pertence à parte desconhecida do mundo: a ordem da natureza divina. É preciso estar inspirado a fim de iniciar o caminho para conseguir sair do estado de homem animal.

A obra de Jan van Rijckenborgh trata com detalhes o caminho que conduz ao "renascimento da água e do Espírito" do qual Jesus fala a Nicodemos. Vemos aqui reviver o estímulo à ação que o impulsiona nesse caminho em sua juventude, estímulo ao necessário renascimento do qual falava o Prof. De Hartog.

Mas Jan van Rijckenborgh não se exprime exteriormente em termos velados, como os teólogos em seus comentários. Ele fala de uma experiência interior vivida do caminho evangélico, que conduz do "homem-João" ao "homem-Jesus", o caminho de Cristiano Rosa-Cruz. O renascimento do "homem-animal em homem-espírito", do qual ele havia ouvido De Hartog[18] falar em sua juventude, não é uma simples ideia filosófica, mas uma realidade e uma necessidade.

O homem nascido da natureza, que é da terra, terrestre, deve revestir o homem-espírito, oculto nele como uma rosa divina, como uma estrela do Espírito. Corpo, alma e espírito devem ser unidos de novo, forjados em verdadeira unidade. É o "bythos, noûs, aletheia"[19] dos antigos gnósticos.

Das profundidades do Espírito divino, onde se revela a Verdade, provêm os princípios evangélicos do espírito, da água e do sangue, ou os componentes herméticos do espírito, da alma e do corpo, ou o mercúrio, o enxofre e o sal dos rosa-cruzes. É o caminho da transmutação que conduz à transfiguração, apresentada de forma simbólica nos sete dias das núpcias alquímicas. O sacrifício da antiga vida egocêntrica permite, com efeito, a sétupla recriação ou renascimento do ser humano nascido da natureza, que é na realidade um ser humano divino porque seu microcosmo é portador de uma centelha-do-espírito.

---

[18]De Hartog, A. H. *Phaenomenologie van het Christelijk Bewustzijn.* Amsterdã: Uitgeversmaatschappij, 1932, p. 77 e 136. *Levensleer,* Batavia: Groningen, 1933, p. 149, 159–160, 180.

[19]Palavras gregas que significam abismo ou profundidade, alma-espírito ou mente e verdade. Na teogonia valentina, Bythos é o par de Sige, silêncio, formando os dois o binário ou a díada primordial.

A Gnosis transforma o homem em sua natureza essencial

Na obra de Jan van Rijckenborgh o pensamento essencial é, pois: o homem prisioneiro da natureza é chamado para rasgar "a vestimenta da cólera", que é a ignorância, seu maior drama, e a conhecer o processo da transfiguração suscetível de transformá-lo em um ser divino. Hermes testemunha: "Quando a Gnosis ilumina a consciência inteira, ela inflama a alma e a eleva, libertando-a do corpo (nascido da natureza). Assim, ela transforma o homem em sua natureza essencial."[20]

Que a Rosa-Cruz e o hermetismo estão muito próximos, nós o sabemos por esta passagem, que é uma inscrição encontrada numa fonte por C.R.C. no quarto dia de *As núpcias alquímicas:*

"Hermes é a fonte primordial. Após tantos danos terem sido infligidos ao gênero humano, com auxílio da Arte e por determinação divina, aqui fluo como remédio de salvação. Quem o puder, beba de mim; quem o quiser, purifique-se em mim; quem o ousar, mergulhe em minha profundezas. Bebei, Irmãos, e vivei!"

Jan van Rijckenborgh fez a ligação entre as intenções dos irmãos da Rosa-Cruz e a fonte primordial de Hermes. Em seus comentários sobre as

[20] *Corpus Hermeticum.* Tradução do inglês por G.R.S. Mead e do alemão por Patrizi e J. Scheible, Stuttgart: 1855.

Núpcias químicas, ele escreveu: "Quem foi, ou melhor, quem é Hermes? Hermes é o próprio Espírito manifestado, a fonte primordial, que quer refrigerar todo o ser humano. Daí compreendereis, consequentemente, por que testemunhamos dessa fonte primordial, por que estudamos constantemente os antigos livros herméticos".

Hermes é a fonte primordial

Se bem que Hermes seja também um personagem mítico, ele é ao mesmo tempo o grande exemplo, a força universal que, através dos séculos, nada perdeu da sua sabedoria radiante. Jan van Rijckenborgh estudou com profundidade o *Corpus Hermeticum,* conforme comprovam seus comentários em quatro volumes intitulados *A Gnosis original egípcia e seu chamado no eterno presente.* Rijckenborgh enfatiza a importância de Hermes como a fonte primordial, como a Gnosis original, que leva ao conhecimento original, à sabedoria eterna, essencialmente a mesma através dos séculos. Ou melhor dizendo: que transmite sempre a mesma mensagem. Trata-se, portanto, de um "chamado eterno", de um chamado que nunca perde sua atualidade.

Jan van Rijckenborgh quis fazer ressoar esse chamado novamente, com força, no mesmo sentido que os irmãos da Rosa-Cruz fizeram com a *Fama Fraternitatis.* Mas ele utilizou uma linguagem para os tempos atuais, seguindo a linha que transmite os mesmos princípios ao longo dos séculos.

Pois bem, com base nessa exposição, pensamos poder dizer que Jan van Rijckenborgh é o exemplo de um rosa-cruz gnóstico contemporâneo. Em sua obra ele confessa a Rosa-Cruz gnóstica cristocêntrica, assim como o fizeram os manifestos dos rosa-cruzes do século XVII.

Livros de autoria de J. van Rijckenborgh

- O advento do novo homem
- Análise esotérica do testamento espiritual da Ordem da Rosa--Cruz
  - Vol. I: O chamado da Fraternidade da Rosa-Cruz
  - Vol. II: Confessio da Fraternidade da Rosa-Cruz
  - Vol. III: As núpcias alquímicas de Christian Rosenkreuz 1
  - Vol. IV: As núpcias alquímicas de Christian Rosenkreuz 2
- Christianopolis
- Filosofia elementar da Rosacruz moderna
- A Gnose em sua atual manifestação
- A Gnosis original egípcia - tomos I, II, III e IV
- A luz do mundo
- O mistério da vida e da morte
- O mistério das bem-aventuranças
- O mistério iniciático cristão: Dei Gloria Intacta
- Os mistérios gnósticos da Pistis Sophia
- Não há espaço vazio
- Um novo chamado
- O Nuctemeron de Apolônio de Tiana
- O remédio universal

Livros de autoria de Catharose de Petri

- O Verbo Vivente

Série das Rosas

- Transfiguração · Tomo I
- O selo da renovação · Tomo II
- Sete vozes falam · Tomo III
- A Rosacruz Áurea · Tomo IV
- A Tríplice Aliança da Luz · Tomo V

Livros de autoria de J. van Rijckenborgh e Catharose de Petri

- A Gnosis chinesa
- Reveille!

Série Apocalipse

- A veste-de-luz do novo homem · vol. I
- A Fraternidade Mundial da Rosa-Cruz · vol. II
- Os sinais poderosos do conselho de Deus · vol. III
- A senda libertadora da Rosa-Cruz · vol. IV
- O novo caduceu de Mercúrio · vol. V

Série Pedra Angular

- O caminho universal
- A Fraternidade de Shamballa
- A Gnosis universal
- A grande revolução
- O novo sinal

IMPRESSO PELA GRAPHIUM GRÁFICA E EDITORA · (11) 2769-9056
A PEDIDO DO LECTORIUM ROSICRUCIANUM EM JUNHO DE 2014